Guttentag'sche Sammlung
Nr. 2. Preußischer Gesetze. Nr. 2.
Text-Ausgaben mit Anmerkungen.

Preußische Beamten-Gesetzgebung

enthaltend

die wichtigsten Beamtengesetze in Preußen.

Text-Ausgabe mit ausführlichem Sachregister.

Von

Carl Pfafferoth,
Geheimem Kanzleirat.

Vierte, neubearbeitete Auflage.

Berlin 1905.
J. Guttentag, Verlagsbuchhandlung,
G. m. b. H.

Vorwort.

Die Verfassungsurkunde für den preußischen Staat vom 31. Januar 1850 bestimmt im Artikel 98, daß „die besonderen Rechtsverhältnisse der nicht zum Richterstande gehörigen Staatsbeamten, einschließlich der Staatsanwälte, durch ein Gesetz geregelt werden sollen, welches, ohne die Regierung in der Wahl der ausführenden Organe zweckwidrig zu beschränken, den Staatsbeamten gegen willkürliche Entziehung von Amt und Einkommen angemessenen Schutz gewährt."

Das verheißene Staatsdienergesetz ist bis jetzt nicht ergangen; dagegen haben vor und nach Bekanntmachung der Verfassung die einzelnen Verhältnisse der Beamten in einer beträchtlichen Reihe von Gesetzen, Verordnungen und Erlassen, von denen ein großer Teil durch die später ergangenen wieder aufgehoben worden ist, ihre Regelung gefunden.

Eine Zusammenstellung der wesentlichsten dieser auf die Rechtsverhältnisse der preußischen Staatsbeamten, und zwar in erster Linie der unmittelbaren Staatsbeamten bezüglichen, gegenwärtig noch gültigen Bestimmungen bringt das vorliegende Buch in einem handlichen und wenig umfangreichen Bande. Nur diejenigen Vorschriften sind zum Abdruck gelangt, welche sich auf die Gesamtheit der Staatsbeamten beziehen; auf die für einzelne Verwaltungszweige und Beamtenklassen ergangenen besonderen Bestimmungen ist jedoch an betreffender Stelle hingewiesen.

Die abgedruckten Vorschriften gelten im wesentlichen für den ganzen Umfang der Monarchie. Hinsichtlich der neuen Landesteile ist in dieser Beziehung hier zu bemerken, daß für die Staatsdiener in den Hohenzollernschen Landen laut Allerhöchsten Erlasses vom 6. Februar 1854 (GesS. S. 80) und ebenso in den durch die Gesetze vom 20. September und 24. Dezember 1866 mit der Monarchie vereinigten Landesteilen — mit Ausnahme des vormaligen Oberamtsbezirks Meisenheim und der Enklave Kaulsdorf — laut Verordnung vom 23. September 1867 (GesS. S. 1619) lediglich die für die Monarchie gültigen allgemeinen Vorschriften, Verordnungen, Gesetze ꝛc., durch welche die Rechte und Pflichten der Staatsbeamten in Ansehung ihres Amtes und der Hinterbliebenen bestimmt sind, in Anwendung kommen sollen. Die Anwendbarkeit der Vorschriften für den seit 1. Juli 1876 mit der Monarchie vereinigten Kreis Herzogtum Lauenburg ergibt sich aus den Gesetzen vom 23. Juni 1876 (GesS. S. 169) und 25. Februar 1878 (GesS. S. 97) sowie aus der Verordnung vom 31. Mai 1879 (GesS. S. 363). Für das Verhältnis der Beamten der Stadt Frankfurt a. M. endlich ist das Gesetz vom 5. März 1869 (GesS. S. 379) maßgebend.

Es dürfte zweckmäßig erscheinen, an dieser Stelle mit einigen Worten auf den Unterschied zwischen dem Begriff der preußischen Staatsbeamten und dem der Reichsbeamten einzugehen. Die Verhältnisse der letzteren sind durch das Reichsbeamtengesetz vom 31. März 1873 (R.G.Bl. S. 61) geregelt. Im Sinne dieses Gesetzes gilt laut § 1 desselben als Reichsbeamter jeder Beamte, welcher entweder vom Kaiser angestellt oder nach Vorschrift der Reichsverfassung den Anordnungen des Kaisers Folge zu leisten verpflichtet ist. Die erstere Kategorie bilden die unmittelbaren Reichsbeamten, d. h. die vom Kaiser oder in seinem Auftrage kraft kaiserlicher Ermächtigung angestellten Beamten. Zur zweiten Kategorie, den sogen. mittelbaren Reichsbeamten, gehören diejenigen mittleren und unteren Post- und Telegraphenbeamten sowie die Militärbeamten, welche in Gemäßheit des Artikels 50 Absatz 3 bis 5 bzw. der Artikel 64, 66 der Reichsverfassung von den Landesregierungen ernannt werden, aber den Anordnungen des Kaisers Folge zu leisten haben. Dieselben sind zwar an sich Landesbeamte — vgl. Entscheidung des Kaiserlichen Disziplinarhofs in Leipzig vom 2. April 1874 (Zentralblatt für das Deutsche Reich S. 145) und des Reichsgerichts, II. Zivilsenat vom 16. Oktober 1880 (Entscheidungen S. 101), —, unterstehen aber den Bestimmungen des Reichsbeamtengesetzes. Eine Ausnahme in dieser Beziehung ist nur für richterliche Militär-Justizbeamte, und zwar insofern zugelassen, als auf sie gemäß § 158 des Reichsbeamtengesetzes die Bestimmungen desselben über die Versetzung in ein anderes Amt über die einstweilige und zwangsweise Versetzung in den Ruhestand, über Disziplinarbestrafung und über vorläufige Dienstenthebung keine Anwendung finden sollen.

Da die nachfolgenden Vorschriften [1]) teils nur die unmittelbaren, teils die mittelbaren Staatsbeamten, teils auch beide Arten zugleich betreffen, so erübrigt endlich noch, diese Einteilung, wenn auch nicht erschöpfend zu erörtern, so doch wenigstens durch einige Striche zu kennzeichnen. Eine überall zutreffende Erläuterung des Begriffs „unmittelbarer Staatsbeamter" in kurzen Worten zu geben, ist kaum möglich. Es mag deshalb genügen, auf einige Stellen hinzuweisen, welche Anhaltspunkte zur Feststellung des Begriffs an die Hand geben.

Nach § 69 Teil II Titel 10 des Allgem. Landrechts stehen die Zivilbeamten entweder „in unmittelbaren Diensten des Staats oder gewisser denselben untergeordneter Kollegien, Korporationen und Gemeinen".

In engerer Begrenzung des Begriffs bestimmt § 8 des Gesetzes vom 11. Juli 1822, daß zu den unmittelbaren Staatsdienern städtische Beamte, die von den Städten besoldeten Polizeibeamten mit eingeschlossen, landschaftliche, Witwenkassen- und andere Sozietätsbeamte, Justizkommissarien und Notarien, Justitiarien bei Patri-

[1] Dieselben finden auch auf die Beamten der Preuß. Zentralgenossenschaft Anwendung, Verordnung vom 2. August 1899 (GS. S. 397).

monialgerichten, Ärzte, Künstler und dergleichen nicht zu zählen seien.

Das Gesetz vom 12. Mai 1873 über die Gewährung von Wohnungsgeldzuschüssen (Seite 103) erwähnt im § 1 die unmittelbaren Staatsbeamten neben den Lehrern und Beamten der Universitäten und derjenigen Unterrichts- und sonstigen Anstalten, bei welchen die Gewährung der erforderlichen Unterhaltungszuschüsse ausschließlich dem Staate obliegt.

In gleicher Weise führt auch Art. III der Pensions-Novelle vom 31. März 1882 unmittelbare Staatsbeamte einerseits und Lehrer und Beamte an Gymnasien, Progymnasien, Realschulen, Schullehrer-Seminarien, Taubstummen- und Blinden-Anstalten, Kunst- und höheren Bürgerschulen andererseits nebeneinander auf.

Die Provinzialordnung vom $\frac{\text{29. Juni 1875}}{\text{22. März 1881}}$ bestimmt ferner im § 96, daß sämtliche Provinzialbeamte die Rechte und Pflichten mittelbarer Staatsbeamten haben sollen.

Endlich spricht sich über die vorliegende Frage der Kommissionsbericht des Abgeordnetenhauses zum Witwenversorgungsgesetz — Nr. 134 der Drucksachen 14. Leg.-Per. III. Session 1882 — Seite 19 folgendermaßen aus: Mittelbare Staatsbeamte sind solche Beamte, welche zwar dazu berufen sind, als Organe der Staatsgewalt unter öffentlicher Autorität für die Herbeiführung der Zwecke des Staats tätig zu sein, welche aber ihre Tätigkeit nicht dem Staate direkt, sondern einer der dem Staate untergeordneten, organisch in seine Verfassung eingreifenden Gemeinheit widmen, z. B. Kreiskommunal-Beamte, Elementarlehrer, Lehrer an höheren Schulen der Kommunen und Stiftern.

Berlin, im Januar 1905.

Inhaltsübersicht.

III. Militärverhältnisse.

IV. Disziplinarverhältnisse.

V. Strafrechtliche Vorschriften.

VI. Einkommensverhältnisse.

VII. Dienstwohnungen.

VIII. Tagegelder, Reise- und Umzugskosten.

IX. Abgabenverhältnisse.

X. Pensions- und Fürsorgewesen.

Chronologisches Verzeichnis

der abgedruckten Gesetze, Verordnungen und sonstigen Bestimmungen.

I. Anstellung, Diensteid 2c.

1.

Verfassungsurkunde für den Preußischen Staat. Vom 31. Januar 1850. (GS. S. 17.)

4. Alle Preußen sind vor dem Gesetze gleich. Standesvorrechte finden nicht statt. Die öffentlichen Aemter sind, unter Einhaltung der von den Gesetzen festgestellten Bedingungen, für alle dazu Befähigten gleich zugänglich.

47. Der König besetzt alle Stellen im Heere, sowie in den übrigen Zweigen des Staatsdienstes, sofern nicht das Gesetz ein Anderes verordnet.

108. Die Mitglieder der beiden Kammern und alle Staatsbeamten leisten dem Könige den Eid der Treue und des Gehorsams und beschwören die gewissenhafte Beobachtung der Verfassung.

Eine Vereidigung des Heeres auf die Verfassung findet nicht statt.

2.

Verordnung, betreffend die Form der Diensteide. Vom 6. Mai 1867. (GS. S. 715.)

Wir Wilhelm 2c. 2c. verordnen für das Gebiet der Preußischen Monarchie, mit Ausschluß derjenigen Landestheile, auf welche sich die Verordnung [1])

---

[1] Nach dieser Verordnung und dem Staatsministerialbeschlusse v. 31. Oktober 1867 (MinBl. f. d. i. V. S. 326) gilt dieselbe Form auch für den Diensteid der Beamten in den 1866 mit der Monarchie vereinigten neuen Landestellen.

vom 22. Januar d. J. (Gesetz-Samml. S. 132) bezieht, was folgt:

1. Die Form des Diensteides, welcher von den im unmittelbaren oder im mittelbaren Staatsdienste stehenden Beamten[1] fortan zu leisten ist, wird dahin festgestellt: „Ich N. N. schwöre zu Gott dem Allmächtigen und Allwissenden, daß Seiner Königlichen Majestät von Preußen, meinem Allergnädigsten Herrn, ich unterthänig, treu und gehorsam sein und alle mir vermöge meines Amtes obliegenden Pflichten nach meinem besten Wissen und Gewissen genau erfüllen, auch die Verfassung gewissenhaft beobachten will, so wahr mir Gott helfe u. s. w." Dem Schwörenden bleibt es überlassen, den vorstehend festgestellten Eidesworten die seinem religiösen Bekenntniß entsprechende Bekräftigungsformel hinzuzufügen.

Bei den im mittelbaren Staatsdienste stehenden Beamten tritt denselben diejenige Eidesnorm hinzu, mittelst deren diese Beamten sich, den bestehenden Bestimmungen und den besonderen Verhältnissen gemäß, dem unmittelbaren Dienstherrn zu verpflichten haben.

2. Der im § 1 gedachte Eid verpflichtet den Schwörenden nicht nur für die zur Zeit der Eidesleistung von ihm bekleideten, sondern auch für alle ihm etwa später zu übertragenden Aemter.

Urkundlich ꝛc.

Gegeben Berlin, den 6. Mai 1867.

Wilhelm.

[1] Auch von den auf Probe oder nur zeitweise angestellten

3.

Kabinetsorder vom 21. November 1835, betr. die Amtsverschwiegenheit der öffentlichen Beamten.[1]

(GS. S. 237.)

Obgleich Gesetze und Dienst-Instruktionen den öffentlichen Beamten Verschwiegenheit über Gegenstände ihres Amtes zur Pflicht machen, so habe Ich doch mißfällig in Erfahrung gebracht, daß diese Pflicht aus den Augen gesetzt, über dergleichen Gegenstände, ohne amtliche Veranlassung, mündliche und schriftliche Mittheilungen gemacht und solche selbst zur Publizität gebracht worden. Eine solche Verletzung der gesetzlichen Vorschriften ist nicht länger zu dulden; das Staatsministerium hat daher diese Mißbräuche abzustellen und zu veranlassen, daß die Departements-Chefs nicht nur ihren untergeordneten Behörden und Beamten die im Interesse des Dienstes unerläßliche Verschwiegenheit wiederholend und ernstlich einschärfen, sondern auch die geeigneten Anordnungen treffen, um die genaue

Hilfsbeamten, sofern sie nicht lediglich zur augenblicklichen Aushilfe angenommen. Erlaß v. 21. März 1882 (MinBl. f. d. i. V. S. 139).

[1] Zur richtigen Auffassung der Order dient die Vergleichung mit der entsprechenden Vorschrift des Reichsbeamtengesetzes v. 31. März 1873 (RGBl. S. 61) § 11, welche lautet:

Über die vermöge seines Amtes ihm bekannt gewordenen Angelegenheiten, deren Geheimhaltung ihrer Natur nach erforderlich oder von seinem Vorgesetzten vorgeschrieben ist, hat der Beamte Verschwiegenheit zu beobachten, auch nachdem das Dienstverhältnis aufgelöst ist.

Beobachtung derselben zu sichern und die Propalation amtlicher Verhandlungen zu verhindern. Die Departements-Chefs haben auf die Befolgung dieser für die Beamten aller Kategorien geltenden Vorschrift mit Ernst und Sorgfalt zu halten, die Beamten, welche dieselbe verletzen, unnachsichtlich zur Verantwortung und Bestrafung zu ziehen und Mir anzuzeigen, damit sie, dem Befinden nach, neben der verwirkten Strafe, ohne Pension aus dem Dienste entfernt werden. Ich beauftrage das Staatsministerium, die gegenwärtige Order durch die Gesetz-Sammlung zur allgemeinen Kenntniß zu bringen.

Berlin, den 21. November 1835.

Friedrich Wilhelm.

An das Staatsministerium.

4.

Allgemeines Landrecht.

Teil II. Titel X.

Von den Rechten und Pflichten der Diener des Staats.

(Amtsführung, Verabschiedung.)

70. Es soll Niemandem ein Amt aufgetragen werden, der sich dazu nicht hinlänglich qualificirt, und Proben seiner Geschicklichkeit abgelegt hat.

71. Wem die Besetzung der verschiedenen Arten von Civilbedienungen zukomme, wer zu dergleichen Bedienungen gelangen könne, und was für Vorbereitungen und Prüfungen dazu hervorgehen müssen,

ist, nach Verschiedenheit der Fächer und Stufen solcher Bedienungen, durch spezielle Gesetze und Instruktionen bestimmt.

84. Titel und Rang, welche mit einem Amt verbunden sind, werden, nebst den davon abhängenden Vorrechten, schon durch die darüber ausgefertigte Bestallung verliehen.[1]

85. Die Rechte und Pflichten der Civilbedienten, in Beziehung auf das ihnen anvertraute Amt, werden, durch die darüber ergangenen besonderen Gesetze, und durch ihre Amtsinstruktionen bestimmt.[2]

87. Was ein Beamter vermöge seines Amtes und nach den Vorschriften desselben unternimmt, kann gegen ihn als eine Privatbeleidigung nicht gerügt werden.[3]

---

[1] Vgl. Verordnung wegen der den Zivilbeamten beizulegenden Amtstitel und der Rangordnung der verschiedenen Klassen derselben v. 7. Februar 1817 (GS. S. 61), welche mit zahlreichen Ergänzungen, z. B. dem Allerh. Erlasse betr. die Rangverhältnisse der richterlichen Beamten v. 11. August 1879 (GS. S. 579) und v. 27. Januar 1898 (S. 5) (GS. S. 334) noch jetzt maßgebend ist.

[2] Heiratskonsense sind jetzt nicht mehr erforderlich; ausdrücklich bestätigt durch Artikel 42 des Ausführungsgesetzes zum Bürgerlichen Gesetzbuche v. 20. September 1899 (GS. S. 177). Wegen Sicherung der amtlichen Akten und sonstigen Sachen beim Tode eines Beamten s. § 20 des Gesetzes über die freiwillige Gerichtsbarkeit v. 21. September 1899 (GS. S. 247).

[3] Art. 97 der Verfassungsurkunde v. 31. Januar 1850, § 11 des Einführungsgesetzes zum Gerichtsverfassungsgesetz v. 27. Januar 1877 (RGBl. S. 78) und Gesetz, betr. die Konflikte

88. Wer ein Amt übernimmt, muß auf die pflichtmäßige Führung desselben die genaueste Aufmerksamkeit wenden.

89. Jedes dabei begangene Versehen, welches bei gehöriger Aufmerksamkeit, und nach den Kenntnissen, die bei der Verwaltung des Amtes erfordert werden, hätte vermieden werden können und sollen, muß er vertreten.[1]

90. Vorgesetzte, welche durch vorschriftsmäßige Aufmerksamkeit die Amtsvergehungen ihrer Untergebenen hätten hindern können, sind für den aus Vernachlässigung dessen entstehenden Schaden, sowohl dem Staate, als einzelnen Privatpersonen, welche darunter leiden, verhaftet.

91. Doch findet in beiden Fällen (§§ 89, 90) die Vertretung nur alsdann statt, wenn kein anderes gesetzmäßiges Mittel, wodurch den nachtheiligen Folgen eines solchen Versehens abgeholfen werden könnte, mehr übrig ist.

92. Kein Beamter darf den zur Ausübung seines Amtes ihm angewiesenen Wohnort ohne Vorwissen und Genehmigung seiner Vorgesetzten verlassen.

---

bei gerichtlichen Verfolgungen wegen Amts- und Diensthandlungen v. 13. Februar 1854 (GS. S. 86), sowie § 114 des Gesetzes über die allgemeine Landesverwaltung v. 30. Juli 1883 (GS. S. 195).

[1] Verordnung über die Festsetzung und den Ersatz der bei Kassen und anderen Verwaltungen vorkommenden Defekte v. 23. Januar 1844 (GS. S. 52).

S. a. die Gesetze unter Nr. 5 folgend.

93. Inwiefern, zu bloßen Reisen und Entfernungen auf eine Zeitlang die Erlaubniß der unmittelbaren oder höheren Vorgesetzten erforderlich sei, ist nach den einer jeden Klasse von Beamten vorgeschriebenen besonderen Gesetzen und Amtsinstruktionen zu bestimmen.[1])

Anhang Nr. 124. Königliche Offizianten, welche ein fremdes Bad besuchen wollen, müssen durch ein medizinisches Attest bescheinigen lassen, daß das fremde Bad zur Wiederherstellung ihrer Gesundheit nothwendig, auch kein einheimisches ebenso geschickt dazu sei.

94. Bei derjenigen Instanz, von welcher die Besetzung eines Amtes abhängt, muß auch die Entlassung davon gesucht werden.

95. Die Entlassung soll nur alsdann, wenn daraus ein erheblicher Nachtheil für das gemeine Beste zu besorgen ist, versagt werden.

96. Einem Beamten, dem aus diesem Grunde die Entlassung versagt wird, steht dagegen die Berufung auf die unmittelbare landesherrliche Entscheidung offen.

97. In keinem Falle aber darf der abgehende Beamte seinen Posten eher verlassen, als bis wegen Wiederbesetzung oder einstweiliger Verwaltung desselben Verfügung getroffen ist.[2])

---

[1] Über die Regelung des Gehalts für beurlaubte Beamte vgl. Allerh. Erlaß v. 15. Juni 1863 unter Nr. 28.

[2] Vgl. Pensionsgesetz.

98. Kein Vorgesetzter oder Departementschef kann einen Civilbedienten wider seinen Willen einseitig entsetzen oder verabschieden.

102. Amtsverbindungen, deren Dauer durch die Natur des Geschäftes, oder durch ausdrücklichen Vorbehalt auf eine gewisse Zeit eingeschränkt ist, erlöschen mit dem Ablaufe dieser Zeit von selbst (§ 97).

5.

Betreffend Haftung der Beamten.[1]

Bürgerliches Gesetzbuch.

839. Verletzt ein Beamter vorsätzlich oder fahrlässig die ihm einem Dritten gegenüber obliegende Amtspflicht, so hat er dem Dritten den daraus entstehenden Schaden zu ersetzen. Fällt dem Beamten nur Fahrlässigkeit zur Last, so kann er nur dann in Anspruch genommen werden, wenn der Verletzte nicht auf andere Weise Ersatz zu erlangen vermag.

Verletzt ein Beamter bei dem Urtheil in einer Rechtssache seine Amtspflicht, so ist er für den daraus entstehenden Schaden nur dann verantwortlich, wenn die Pflichtverletzung mit einer im Wege des gerichtlichen Strafverfahrens zu verhängenden öffentlichen Strafe bedroht ist. Auf eine pflichtwidrige Verweigerung oder Verzögerung der Ausübung des Amtes findet diese Vorschrift keine Anwendung.

---

[1] Über die Verantwortlichkeit bei Pflichtverletzungen dem Staate gegenüber s. auch Nr. 4. Wegen der Verantwortlichkeit der Grundbuchbeamten § 12 der Reichsgrundbuchordnung vom 20. Mai 1898 (RGBl. S. 754) und Art. 8 des preußischen Ausführungsgesetzes v. 26. September 1899 (GS. S. 307).

Die Ersatzpflicht tritt nicht ein, wenn der Verletzte vorsätzlich oder fahrlässig unterlassen hat, den Schaden durch Gebrauch eines Rechtsmittels abzuwenden.

840 Abs. 1. Sind für den aus einer unerlaubten Handlung entstehenden Schaden mehrere nebeneinander verantwortlich, so haften sie, vorbehaltlich der Vorschrift des § 835 Abs. 3, als Gesammtschuldner.

841. Ist ein Beamter, der vermöge seiner Amtspflicht einen Anderen zur Geschäftsführung für einen Dritten zu bestellen oder eine solche Geschäftsführung zu beaufsichtigen oder durch Genehmigung von Rechtsgeschäften bei ihr mitzuwirken hat, wegen Verletzung dieser Pflichten neben dem Anderen für den von diesem verursachten Schaden verantwortlich, so ist in ihrem Verhältnisse zueinander der Andere allein verpflichtet.

31. Der Verein ist für den Schaden verantwortlich, den der Vorstand, ein Mitglied des Vorstandes oder ein anderer verfassungsmäßig berufener Vertreter durch eine in Ausführung der ihm zustehenden Verrichtungen begangene, zum Schadensersatze verpflichtende Handlung einem Dritten zufügt.

89. Die Vorschrift des § 31 findet auf den Fiskus, sowie auf die Körperschaften, Stiftungen und Anstalten des öffentlichen Rechtes entsprechende Anwendung.

Das Gleiche gilt, soweit bei Körperschaften, Stiftungen und Anstalten des öffentlichen Rechtes der Konkurs zulässig ist, von der Vorschrift des § 42 Abs. 2.

Einführungsgesetz zum Bürgerlichen Gesetzbuch.

Art. 77. Unberührt bleiben die landesgesetzlichen Vorschriften über die Haftung des Staates, der Gemeinden und anderer Kommunalverbände (Provinzial-, Kreis-, Amtsverbände) für den von ihren Beamten in Ausübung der diesen anvertrauten öffentlichen Gewalt zugefügten Schaden sowie die landesgesetzlichen Vorschriften, welche das Recht des Beschädigten, von dem Beamten den Ersatz eines solchen Schadens zu verlangen, insoweit ausschließen, als der Staat oder der Kommunalverband haftet.

Art. 78. Unberührt bleiben die landesgesetzlichen Vorschriften, nach welchen die Beamten für die von ihnen angenommenen Stellvertreter und Gehülfen in weiterem Umfange als nach dem Bürgerlichen Gesetzbuche haften.

6.

Allerhöchster Erlaß, die Rechtsverhältnisse der aus dem Preußischen Staatsdienst in den Reichsdienst oder in den Landesdienst von Elsaß-Lothringen übertretenden Beamten betreffend.

Vom 2. Februar 1881. (MinBl. f. d. i. V. S. 46.)

Indem Ich dem Staatsministerium den im Einvernehmen mit demselben erstatteten Bericht des Reichskanzlers vom 28. Januar d. J. abschriftlich zugehen lasse, bestimme Ich, daß Meinen Beamten, welche aus dem Preußischen Staatsdienst in den Reichsdienst oder den Landesdienst von Elsaß-Lothringen übertreten, der Regel nach ein Dimissoriale nicht ertheilt werden und bei Eintritt geeigneter Vakanzen ihnen die Wiederaufnahme in den Preußischen Staatsdienst gesichert sein soll. Bei einer solchen ist das Dienstalter und Diensteinkommen der Beamten so zu berechnen, als ob derselbe im Preußischen Staatsdienste verblieben wäre. Die rücksichtlich der Aufnahme in den Preußischen Richterdienst bestehenden Vorschriften werden von dieser Bestimmung nicht berührt. Hiernach hat das Staatsministerium das Weitere zu veranlassen.

Berlin, den 2. Februar 1881.

Wilhelm.

An das Staatsministerium.

7.

Grundsätze für die Besetzung der Subaltern- und Unterbeamtenstellen bei den Reichs- und Staatsbehörden mit Militäranwärtern.[1]

— Vom Bundesrat in den Sitzungen vom 7. u. 21. März 1882 genehmigt. — RCBl. S. 123.

(Die Anlagen sind hier nicht mit abgedruckt.)

§ 1. Militäranwärter im Sinne der nachstehenden Grundsätze ist jeder Inhaber des Civilversorgungsscheins.

Der Civilversorgungsschein wird denjenigen Personen, welchen ein Anspruch auf denselben nach den Bestimmungen des Militärpensionsgesetzes vom 27.

---

[1] Hierzu Allerh. Kabinettsorder v. 10. September 1882 und 30. Juni 1885 (MinBl. f. d. i. V. S. 225 bzw. 165. Just. MinBl. S. 325 bzw. 315) betreffend Zusätze über die preußischen besonderen Bestimmungen.

Juni 1871 (RGBl. S. 275) und der Novelle vom 4. April 1874 (RGBl. S. 25) zusteht, gemäß der Anlage A erteilt.

Außerdem kann der Civilversorgungsschein solchen ehemaligen Unteroffizieren ertheilt werden, welche nach mindestens neunjährigem, aktivem Dienst im Heere oder in der Marine in militärisch organisirte Gendarmerien (Landjägerkorps) oder Schutzmannschaften eingetreten und dort als Invaliden ausgeschieden sind oder unter Einrechnung der im Heere oder in der Marine zugebrachten Dienstzeit eine gesammte aktive Dienstzeit von zwölf Jahren zurückgelegt haben. Der Civilversorgungsschein ist in diesen Fällen nach Anlage B auszustellen und hat nur Gültigkeit für den Reichsdienst und den Civildienst des betreffenden Staates.

Sind in eine militärisch organisierte Gendarmerie (Landjägerkorps) oder Schutzmannschaft in Ermangelung geeigneter Unteroffiziere von mindestens neunjähriger aktiver Militärdienstzeit, Unteroffiziere von geringerer, aber mindestens sechsjähriger aktiver Militärdienstzeit aufgenommen worden, so darf denselben der Civilversorgungsschein nach Anlage C verliehen werden, wenn sie entweder eine gesammte aktive Dienstzeit von fünfzehn Jahren zurückgelegt haben oder nach ihrem Uebertritt in die Gendarmerie oder Schutzmannschaft durch Dienstbeschädigung oder nach einer gesammten aktiven Dienstzeit von acht Jahren invalide geworden sind. Dieser Schein hat nur Gültigkeit für den Civildienst des betreffenden Staates.

Die Ertheilung des Civilversorgungsscheines erfolgt in allen Fällen durch diejenige Militärbehörde, welche über den Anspruch auf diese Versorgung zu entscheiden hat.

Die auf Grund der bisher geltenden Vorschriften ertheilten Civilanstellungsscheine sind fortan innerhalb ihres bisherigen Gültigkeitsbereiches den Civilversorgungsscheinen gleich zu achten.

Dem Eintritt in eine militärisch organisirte Gendarmerie oder Schutzmannschaft steht der Eintritt in eine der in den deutschen Schutzgebieten durch das Reich oder die Landesverwaltung errichteten Schutz- oder Polizeitruppen oder die Anstellung als Grenz- oder Zollaufsichtsbeamter in den Schutzgebieten gleich.

Ein auf Grund dieser Bestimmung ausgestellter Civilversorgungsschein hat für den Reichsdienst sowie für den Civildienst aller Bundesstaaten Gültigkeit; er wird nach dem anliegenden Muster (A[1]) durch das Reichs-Marine-Amt ausgestellt. Diejenigen, welche auf Grund der vorstehenden Bestimmung den Civilversorgungsschein erhalten haben, stehen in Bezug auf die Reihenfolge der Einberufung von Stellenanwärtern den im § 18 unter Nr. 3 bezeichneten Unteroffizieren gleich, insoweit sie im stehenden Heere oder in der Kaiserlichen Marine unter Hinzurechnung der Dienstzeit in den Schutzgebieten eine Gesammtdienstzeit von mindestens acht Jahren erreicht haben.[1]

---

[1] Die beiden letzten Absätze sind zufolge Bekanntmachung des Reichskanzlers v. 29. Januar 1895 (RCBl. S. 17) eingerückt.

2. Die Subaltern- und Unterbeamtenstellen bei den Reichs- und Staatsbehörden — jedoch ausschließlich des Forstdienstes — sind, unbeschadet der in den einzelnen Bundesstaaten bezüglich der Versorgung der Militäranwärter im Civildienste erlassenen weitergehenden Bestimmungen, nach Maßgabe der nachstehenden Grundsätze vorzugsweise mit Militäranwärtern zu besetzen.

3. Ausschließlich mit Militäranwärtern sind zu besetzen:

1. in allen Dienstzweigen und bei allen Behörden, außer bei der Reichskanzlei, dem Auswärtigen Amt, den Ministerien der auswärtigen Angelegenheiten, den Chiffrir-Büreaus, den Gesandtschaften und Konsulaten:
   die Stellen im Kanzleidienst, einschließlich derjenigen der Lohnschreiber, soweit deren Inhabern lediglich die Besorgung des Schreibwerks (Abschreiben, Mundiren, Kollationiren 2c.) und der mit demselben zusammenhängenden Dienstverrichtungen obliegt;
2. in allen Dienstzweigen und bei allen Behörden, außer bei den Gesandtschaften und Konsulaten:
   sämmtliche Stellen, deren Obliegenheiten im wesentlichen in mechanischen Dienstleistungen bestehen und keine technischen Kenntnisse erfordern.

4. Mindestens zur Hälfte mit Militäranwärtern sind zu besetzen:

in allen Dienstzweigen und bei allen Behörden,

außer bei den Ministerien und sonstigen Centralbehörden, sowie bei den Gesandtschaften und Konsulaten:

die Stellen der Subalternbeamten im Büreaudienst (Journal, Registratur, Expeditions-, Kalkulatur-, Kassendienst u. dgl.) mit Ausschluß derjenigen, für welche eine besondere wissenschaftliche oder technische Vorbildung erfordert wird.

Bei Annahme von Büreaudiätarien ist nach gleichen Grundsätzen zu verfahren.

5. In welchem Umfange die nicht unter die §§ 3 und 4 fallenden Subaltern- und Unterbeamtenstellen mit Militäranwärtern zu besetzen sind, ist unter Berücksichtigung der Anforderungen des Dienstes zu bestimmen.

6. Insoweit in Ausführung der §§ 4 und 5 einzelne Klassen von Subaltern- und Unterbeamtenstellen für die Militäranwärter nicht mindestens zur Hälfte vorbehalten werden können, hat nach Möglichkeit ein Ausgleich in der Weise stattzufinden, daß andere derartige Stellen desselben Geschäftsbereichs in entsprechender Zahl und Dotirung vorbehalten werden.

7. Ueber die gegenwärtig vorhandenen Subaltern- und Unterbeamtenstellen des Reichs- und Staatsdienstes, welche nach §§ 3 bis 6 für die Militäranwärter vorzubehalten sind, werden Verzeichnisse angelegt.

Gleichartige Stellen, welche in Zukunft errichtet werden, unterliegen denselben Bestimmungen.

8. Die Anlage D enthält das Verzeichniß der den

Militäranwärtern zur Zeit im Reichsdienste vorbehaltenen Stellen.

Die Verzeichnisse bezüglich des Staatsdienstes werden von den einzelnen Bundesregierungen aufgestellt und dem Reichskanzler mitgetheilt. Letzterer wird von etwaigen Ausstellungen gegen diese Verzeichnisse den betheiligten Bundesregierungen Kenntniß geben.

Die Verzeichnisse, sowie etwaige Nachträge zu denselben, werden durch das Centralblatt für das Deutsche Reich veröffentlicht.[1]

9. Die den Militäranwärtern vorbehaltenen Stellen dürfen mit anderen Personen nicht besetzt werden, sofern sich Militäranwärter finden, welche zu deren Uebernahme befähigt und bereit sind.

Es macht dabei keinen Unterschied, ob die Stellen dauernd oder nur zeitweise bestehen, ob mit denselben ein etatsmäßiges Gehalt oder nur eine diätarische oder andere Remuneration verbunden ist, ob die Anstellung auf Lebenszeit, auf Kündigung oder sonst auf Widerruf geschieht.

Zu vorübergehender Beschäftigung als Hülfsarbeiter oder Vertreter können jedoch auch Nichtversorgungsberechtigte angenommen werden, falls qualifizirte Militäranwärter nicht vorhanden sind, deren Eintritt ohne unverhältnißmäßigen Zeitverlust oder Kostenaufwand herbeigeführt werden kann.

---

[1] Gesamtverzeichnisse v. 3. August 1903 und 5. Oktober 1904 (RCBl. S. 485 bzw. 362), I. Nachtrag 1904 (S. 318).

10. Insoweit Vorschriften bestehen oder erlassen werden, nach welchen die Besetzung erledigter Stellen erfolgen kann, oder vorzugsweise zu erfolgen hat,

1. mit Beamten, welche einstweilig in den Ruhestand versetzt sind, und Wartegeld oder dem gleich zu erachtende Einnahmen beziehen oder
2. mit solchen Militärpersonen im Offizierrange,[1] welchen die Aussicht auf Anstellung im Civildienste verliehen ist,

finden jene Vorschriften auch auf die Besetzung der den Militäranwärtern vorbehaltenen Stellen Anwendung.

Auch können die den Militäranwärtern vorbehaltenen Stellen verliehen werden:

3. solchen Beamten, welche für ihren Dienst unbrauchbar oder entbehrlich geworden sind und einstweilig oder dauernd in den Ruhestand versetzt werden müßten, wenn ihnen nicht eine den Militäranwärtern vorbehaltene Stelle verliehen würde. Von solchen Verleihungen ist dem zuständigen Kriegsministerium Kenntniß zu geben;
4. den Besitzern des Forstversorgungsscheines gegen Rückgabe dieses Scheines, sofern eine Reichsbehörde oder eine Behörde des betreffenden Staates von der Anstellung eines mit diesem

---

[1] Kriegsministerieller Erlaß v. 24. August 1883 (MinBl. f. d. i. V. S. 210) u. Nachrichten v. 1. September 1898.

Schein Beliehenen einen besonderen Vortheil für den Reichs- oder Staatsdienst erwartet;

5. solchen ehemaligen Militäranwärtern, welche sich in einer auf Grund ihrer Versorgungsansprüche erworbenen etatsmäßigen Anstellung (§ 13) befinden oder in Folge eingetretener Dienstunfähigkeit in den Ruhestand versetzt worden sind;
6. solchen ehemaligen Militärpersonen, welchen der Civilversorgungsschein lediglich um deswillen versagt worden ist, weil sie sich nicht fortgesetzt gut geführt haben und welche von der zuständigen Militärbehörde (§ 1) eine Bescheinigung nach Anlage E erhalten haben;
7. sonstigen Personen, welchen, sofern es sich um den Reichsdienst oder den Dienst der Landesverwaltung von Elsaß-Lothringen handelt, durch Erlaß des Kaisers, in anderen Fällen durch Erlaß des Landesherrn bzw. Senats, ausnahmsweise die Berechtigung zu einer Anstellung verliehen worden ist. Dergleichen Verleihungen sollen jedoch nur für eine bestimmte Stelle oder für einen bestimmten Dienstzweig und auch nur dann beantragt werden, wenn ein besonderes dienstliches Interesse dafür geltend zu machen ist. Die Anträge sind, wenn die Anstellung im Reichsdienst oder im Dienst der Landesverwaltung von Elsaß-Lothringen erfolgen soll, unter Mitwirkung des Königlich preußischen Kriegsministeriums, wenn die Anstellung im Dienst

eines Bundesstaats mit eigener Militärverwaltung oder in der Militärverwaltung desselben erfolgen soll, unter Mitwirkung des zuständigen Kriegsministeriums zu stellen. In den übrigen Bundesstaaten hat den Anträgen eine Mittheilung an die oberste Militärbehörde desjenigen Ersatzbezirkes, innerhalb welches die Stelle besetzt werden soll, voranzugehen. Auch ist dieser Militärbehörde von den ergehenden Entscheidungen, sowie von etwaigen ohne Antrag erfolgten Verleihungen der Anstellungsberechtigung Kenntniß zu geben.

11. Stellen, welche den Militäranwärtern nur theilweise (zur Hälfte, zu einem Drittheil rc.) vorbehalten sind, werden bei eintretenden Vakanzen in einer dem Antheilsverhältniß entsprechenden Reihenfolge mit Militäranwärtern oder Civilanwärtern besetzt, und zwar ohne Rücksicht auf die Zahl der zur Zeit der Besetzung thatsächlich mit der einen oder anderen Klasse von Anwärtern besetzten Stellen.

Wird die Reihenfolge auf Grund des § 10 unterbrochen, so ist eine Ausgleichung herbeizuführen. Dabei sind Personen, deren Anstellung auf Grund des § 10 Nr. 1, 3 und 7 erfolgt, als Civilanwärter, Personen, deren Anstellung auf Grund des § 10 Nr. 2, 4, 5 und 6 erfolgt, als Militäranwärter in Anrechnung zu bringen.

12. Die Militäranwärter haben sich um die von ihnen begehrten Stellen zu bewerben.

Die Bewerbungen sind an die für die Anstellung

zuständigen Reichs- oder Staatsbehörden — Anstellungsbehörden — zu richten, und zwar:

a) seitens der noch im aktiven Militärdienst befindlichen Militäranwärter durch Vermittelung der vorgesetzten Militärbehörde;

b) seitens der Angehörigen einer militärisch organisirten Gendarmerie oder Schutzmannschaft durch Vermittelung der vorgesetzten Dienstbehörde;

c) seitens der übrigen Militäranwärter entweder unmittelbar oder durch Vermittelung des heimathlichen Landwehrbezirkskommandos, welches jede eingehende Bewerbung sofort der zuständigen Anstellungsbehörde mittheilt.

13. Die Militäranwärter sind zu den in Rede stehenden Bewerbungen vor oder nach dem Eintritt der Stellenerledigung insolange berechtigt, bis sie eine etatsmäßige Stelle erlangt und angetreten haben, mit welcher Anspruch oder Aussicht auf Ruhegehalt oder dauernde Unterstützung verbunden ist.

14. Die Anstellungsbehörden sind zur Annahme von Bewerbungen nur dann verpflichtet, wenn die Bewerber eine genügende Qualifikation für die fragliche Stelle bzw. den fraglichen Dienstzweig nachweisen.

Behufs Feststellung der körperlichen Qualifikation haben die Militärbehörden auf Verlangen die ärztlichen Atteste, auf Grund deren die Ertheilung des Civilversorgungsscheines wegen Invalidität erfolgt ist, mitzutheilen, sofern seit deren Ausstellung noch nicht drei Jahre verflossen sind.

Sind für gewisse Dienststellen oder für gewisse Kategorien von Dienststellen besondere Prüfungen (Vorprüfungen) vorgeschrieben, so hat der Militäranwärter auch diese Prüfungen abzulegen. Auch kann, wenn die Eigenthümlichkeit des Dienstzweiges dies erheischt, die Zulassung zu dieser Prüfung oder die Annahme der Bewerbung überhaupt von einer vorgängigen informatorischen Beschäftigung in dem betreffenden Dienstzweige abhängig gemacht werden, welche in der Regel nicht über drei Monate auszudehnen ist.

Bei allen von Militäranwärtern abzulegenden Prüfungen dürfen an dieselben keine höheren Anforderungen gestellt werden, als an andere Anwärter.

Für „qualifizirt" befundene Bewerber werden Stellenanwärter.

15. Ueber die Bewerbungen um noch nicht vakante Stellen legen die Anstellungsbehörden Verzeichnisse nach Anlage F an, in welche die Stellenanwärter nach dem Datum des Eingangs der ersten Meldung eingetragen werden. War die Qualifikation noch durch eine Prüfung (Vorprüfung) nachzuweisen, so kann die Eintragung auch nach dem Tage des Bestehens derselben erfolgen.

Die Stellenanwärter haben, so lange sie keine Civilversorgung gefunden, ihre Meldung jährlich zum 1. Dezember zu wiederholen. Diejenigen Bewerbungen, bezüglich welcher eine solche Wiederholung unterlassen wird, sind in dem Verzeichnisse zu streichen; sie können demnächst, auf erneuertes Ansuchen, mit dem Datum des Eingangs der neuen Meldung wieder eingetragen werden.

16. Stellen, für welche Stellenanwärter nicht notirt sind, werden im Falle der Vakanz durch eine allwöchentlich herauszugebende Liste („Vakanzenliste") bekannt gemacht.

Die Herausgabe der Vakanzenliste veranlaßt das zuständige Kriegsministerium.

Die Aufnahme der Stellen in die Liste vermittelt eine für den Bereich eines oder mehrerer Ersatzbezirke besonders bezeichnete Militärbehörde — Vermittelungsbehörde —, welcher zu diesem Zweck seitens der Anstellungsbehörden Nachweisungen nach Anlage G zuzusenden sind.

17. Ist innerhalb einer Frist von fünf[1] Wochen nach Absendung der Nachweisung eine Bewerbung bei der Anstellungsbehörde nicht eingegangen, so hat dieselbe in der Stellenbesetzung freie Hand.

18. Die Reihenfolge, in welcher die Einberufung der Stellenanwärter zu erfolgen hat, bestimmt sich nach folgenden Grundsätzen:[2]

1. Bei Einberufungen für den Dienst eines Bundesstaates kann den diesem Staate angehörigen oder aus dem Kontingente desselben hervor-

[1] Für Preußen sechs Wochen.

[2] Verf. v. 22. Dezember 1902 (MinBl. d. i. V. 1903 S. 16).

gegangenen Stellenanwärtern vor allen übrigen der Vorzug gegeben werden.

2. Bei Einberufungen für den See-, Küsten- und Seehafendienst sind Unteroffiziere der Marine vor den Unteroffizieren des Landheeres zu berücksichtigen.

3. Insoweit die Grundzüge unter 1 und 2 keinen Vorzug begründen, sind in erster Reihe Unteroffiziere einzuberufen, welche mindestens acht Jahre in dem Heere oder in der Marine aktiv gedient haben. Abweichungen hiervon sind nur in Ausnahmefällen und nur insoweit zulässig, als sie durch ein dringendes dienstliches Interesse bedingt werden.

4. Innerhalb der einzelnen Kategorien von Stellenanwärtern ist bei der Einberufung die Reihenfolge in dem Verzeichniß (§ 15) in Betracht zu ziehen.

5. Die Reichs-Post- und Telegraphenverwaltung wird bei ihren Anstellungen vorzugsweise die Stellenanwärter desjenigen Staates berücksichtigen, in welchem die Vakanz entstanden ist.

10. Die Anstellung eines einberufenen Stellenanwärters kann zunächst auf Probe erfolgen oder von einer Probedienstleistung abhängig gemacht werden.

Einberufungen zur Probedienstleistung werden nur erfolgen, insoweit Stellen (§ 9 Absatz 2) offen sind; eine Entlassung Einberufener wegen mangelnder Vakanz wird nicht stattfinden.

Die Probezeit soll, vorbehaltlich der Abkürzung bei früher erwiesener Qualifikation, in der Regel höchstens betragen:

a) für den Dienst als Post- oder Telegraphen-Assistent ein Jahr,
b) für den Dienst in der Eisenbahnverwaltung mit Ausschluß der im § 3 bezeichneten Stellen ein Jahr,
c) für den Dienst bei der Reichsbank ein Jahr,
d) für den Dienst in der Verwaltung der Zölle und indirekten Steuern ein Jahr,
e) für den Dienst in der Straßen- und Wasserbauverwaltung mit Ausschluß der in § 3 bezeichneten Stellen ein Jahr,
f) für den nicht unter a bis e fallenden Reichs- und Staatsdienst sechs Monate.

Spätestens bei Beendigung der Probezeit hat die Anstellungsbehörde darüber Beschluß zu fassen, ob der Stellenanwärter in seiner Stelle zu bestätigen, bzw. in den Civildienst zu übernehmen, oder wieder zu entlassen ist.

20. Stellenanwärter, welche sich noch im aktiven Militärdienst befinden, werden auf Veranlassung der Anstellungsbehörde durch die vorgesetzte Militärbehörde für die Dauer der Probezeit abkommandirt. Eine Verlängerung der letzteren über die im § 19 bezeichneten Fristen hinaus ist unzulässig.

21. Den Stellenanwärtern ist während der Anstellung auf Probe das volle Stelleneinkommen, wäh-

rend der Probedienstleistung eine fortlaufende Remuneration von nicht weniger als Dreiviertheil des Stelleneinkommens zu gewähren.

22. Konkurriren bei der etatsmäßigen Besetzung einer den Militäranwärtern vorbehaltenen Stelle mehrere bereits einberufene, aber noch nicht etatsmäßig (§ 13) angestellte Stellenanwärter, so finden die im § 18 festgestellten Grundsätze sinngemäß Anwendung. Einen Anspruch auf vorzugsweise Berücksichtigung haben jedoch die ehemaligen, mindestens acht Jahre gedienten Unteroffiziere nicht denjenigen Stellenanwärtern gegenüber, deren Gesammtdienstzeit (aktive Militärdienstzeit und Dienstzeit in dem betreffenden Dienstzweige) von längerer Dauer ist, als die von ihnen selbst zurückgelegte.

Nichtversorgungsberechtigte, welche für eine den Militäranwärtern ausschließlich vorbehaltene Stelle einberufen worden sind, weil kein geeigneter Stellenanwärter vorhanden war, sind bezüglich der etatsmäßigen Anstellung den Stellenanwärtern, welche nicht nach mindestens achtjähriger aktiver Dienstzeit aus dem Heere oder der Marine als Unteroffizier ausgeschieden sind, gleichzuachten. Jedoch dürfen dieselben nicht vor solchen qualifizirten Stellenanwärtern etatsmäßig angestellt werden, welche in demselben Dienstzweige eine gleiche oder längere Dienstzeit zurückgelegt haben. Dasselbe gilt für die in § 10 Nr. 7 bezeichneten Personen, sofern ihnen die Anstellungsfähigkeit für einen bestimmten Dienstzweig und nicht nur für eine bestimmte Stelle verliehen worden ist.

Das Aufrücken in höhere Diensteinnahmen und die Beförderung in Stellen höherer Klasse erfolgt lediglich nach den für die einzelnen Dienstzweige maßgebenden Bestimmungen. Der Besitz des Civilversorgungsscheins begründet dabei keinen Anspruch auf Bevorzugung. Jene Bestimmungen dürfen jedoch ebensowenig Beschränkungen zu ungunsten der Militäranwärter enthalten, vielmehr ist thunlichst darauf Bedacht zu nehmen, daß denselben Gelegenheit zur Erwerbung der Qualifikation für das Aufrücken in höhere Dienststellen geboten werde.

Ist für das Aufrücken in höhere Diensteinnahmen oder für die Beförderung in höhere Dienststellen die Gesammtdienstzeit entscheidend, so wird dieselbe für Militäranwärter mindestens von dem Beginn der Probezeit in dem betreffenden Dienstzweige ab berechnet.

23. Von der Besetzung der den Militäranwärtern vorbehaltenen Stellen haben die Anstellungsbehörden am Schlusse des Quartals den Vermittelungsbehörden ihres Bezirks durch Zusendung einer Nachweisung nach Anlage H Mittheilung zu machen.

Die Vermittelungsbehörden veranlassen eine entsprechende Bekanntmachung in der Vakanzenliste.

24. Zur Kontrolle darüber, daß bei der Besetzung der den Militäranwärtern im Reichsdienst vorbehaltenen Stellen den vorstehenden Grundsätzen ge-

mäß verfahren wird, ist außer den Ressortchefs der Rechnungshof verpflichtet.

Sobald ein Stellenanwärter im Reichsdienst angestellt wird, ist der ersten Anweisung für die Zahlung des Gehalts oder der Remuneration beglaubigte Abschrift des Civilversorgungsscheins beizufügen.

Nach erfolgter etatsmäßiger Anstellung (§ 13) wird der Civilversorgungsschein selbst zu den Akten genommen.

Ist die Besetzung einer vorbehaltenen Stelle des Reichsdienstes durch einen Nichtversorgungsberechtigten erfolgt, so ist zu der Rechnung, aus welcher diese Besetzung zum ersten Male ersichtlich wird, zu bescheinigen und auf Erfordern dem Rechnungshof nachzuweisen, daß bei der Besetzung der Stelle den vorstehenden Grundsätzen genügt worden ist.

Die gleiche Verpflichtung, wie den Ressortchefs und dem Rechnungshofe ist bezüglich der Stellen im Staatsdienst den obersten Verwaltungsbehörden oder nach Anordnung der Landesregierungen den höchsten Rechnungs-Revisionsstellen in den einzelnen Bundesstaaten aufzuerlegen.

Erfolgt die Besetzung der Stellen durch eine oberste Staatsbehörde, so bedarf es eines Nachweises vor der Rechnungs-Revisionsstelle nicht.

25. Im Falle der Eröffnung einer gerichtlichen Untersuchung gegen einen Militäranwärter ist der Civilversorgungsschein zu den Untersuchungsakten einzufordern. Führt die Untersuchung zu einem rechtskräftigen Erkenntniß, welches auf die zeitige

Unfähigkeit zur Bekleidung öffentlicher Aemter oder auf eine Strafe lautet, welche die dauernde oder zeitige Unfähigkeit zur Bekleidung öffentlicher Aemter von Rechtswegen zur Folge hat, so ist der Civilversorgungsschein unter Mittheilung der Urtheilsformel derjenigen Militärbehörde zu übersenden, welche den Schein ertheilt hat (§ 1). Anderenfalls ist der Civilversorgungsschein derjenigen Behörde zu übersenden, bei welcher der Militäranwärter angestellt oder beschäftigt ist, Militäranwärtern aber, welche im Civildienst noch nicht angestellt oder beschäftigt sind, zurückzugeben.

26. Der Civilversorgungsschein ist verwirkt, wenn gegen den Inhaber rechtskräftig auf eine Strafe erkannt worden ist, welche die dauernde Unfähigkeit zur Bekleidung öffentlicher Aemter von Rechtswegen zur Folge hat.

Lautet das rechtskräftige Erkenntniß nur auf zeitige Unfähigkeit zur Bekleidung öffentlicher Aemter oder auf eine Strafe, welche die zeitige Unfähigkeit zur Bekleidung öffentlicher Aemter zur Folge hat, so wird der Civilversorgungsschein nach Ablauf der Zeit, auf welche sich die Wirkung des Erkenntnisses erstreckt, zurückgegeben, zuvor jedoch von der Militärbehörde (§ 25) mit einem, den wesentlichen Inhalt des Erkenntnisses wiedergebenden Vermerk versehen. Die Anstellung des Inhabers in einer den Militäranwärtern vorbehaltenen Stelle ist lediglich dem freien Ermessen der betheiligten Behörden überlassen.

27. Erfolgt das Ausscheiden aus der Stelle unfreiwillig aus anderen, als den im § 26 bezeichneten Gründen, so sind dieselben in dem Civilversorgungsschein zu vermerken, bevor dessen Rückgabe erfolgt.

Hat die unfreiwillige Entlassung eines Militäranwärters in Folge einer den Mangel an ehrliebender Gesinnung verrathenden Handlung oder wegen fortgesetzt schlechter Dienstführung stattgefunden, so sind die Behörden zur Berücksichtigung des Anstellungsgesuchs nicht verpflichtet.

28. Erfolgt das Ausscheiden aus der Stelle freiwillig, aber ohne Pension, so ist dies gleichfalls in dem Civilversorgungsschein zu vermerken, bevor dessen Rückgabe erfolgt.

29. Der Civilversorgungsschein erlischt, sobald sein Inhaber aus dem Civildienste mit Pension (§ 13) in den Ruhestand tritt. Eine Rückgabe des Civilversorgungsscheins findet in diesem Falle nicht statt.[1])

30. Bereits erworbene Ansprüche werden durch vorstehende Grundsätze nicht berührt.

31. Vorstehende Grundsätze treten mit dem 1. Oktober 1882, für Elsaß-Lothringen mit dem 1. Oktober 1884 in Kraft.

---

[1]) § 29 findet auf pensionierte Schutzmänner und Gendarmen keine Anwendung. Verf. d. Min. d. J. v. 25. Okt. 1898 (MinBl. f. d. i. V. S. 223).

Erläuterungen des Reichskanzlers zu vorstehenden Grundsätzen vom 25. März 1882 (RCBl. S. 144. MinBl. f. d. i. V. S. 242).

I. Zu § 1. Der Civilversorgungsschein giebt dem Inhaber kein Recht auf eine bestimmte Dienststelle.

II. Zu § 2. Gemeindedienststellen[1] fallen nicht unter die Bestimmungen des Entwurfs.

III. Zu § 3 2c.

1. Stellen oder Verrichtungen, welche als Nebenamt versehen werden, fallen nicht unter die Bestimmungen des Entwurfs; dieselben sind daher den den Militäranwärtern vorbehaltenen Stellen nicht zuzuzählen.

2. Bei Berechnung der Zahl der den Militäranwärtern vorzubehaltenden Stellen sind diejenigen Stellen nicht in Betracht zu ziehen, bezüglich welcher den Anstellungsbehörden freie Hand gelassen ist.

IV. Zu § 7. Stellen, deren Inhaber — wenn sie auch in Pflichten genommen sein sollten — ihr Einkommen nicht unmittelbar aus der Staatskasse beziehen (Privatgehülfen), brauchen in die nach § 7 anzulegenden Verzeichnisse nicht aufgenommen zu werden.

V. Zu § 8. Das dem § 8 als Anlage D angehängte Verzeichniß der Stellen im Reichs-

---

[1] Über diese vgl. Gesetz v. 21. Juli 1892 (GS. S. 214).

dienst präjudizirt den von den Landesregierungen aufzustellenden Verzeichnissen nicht.

VI. **Zu §§ 9 und 10.** Die in § 9 Abs. 1 enthaltene Regel, daß die den Militäranwärtern vorbehaltenen Stellen mit anderen Personen nicht besetzt werden dürfen, sofern befähigte und zur Uebernahme der Stellen bereite Militäranwärter vorhanden sind, steht — abgesehen von den Ausnahmen des § 10 — der Anwendung der Bestimmungen in § 22 Abs. 3 und in § 30 nicht entgegen. Auch bleibt den Landesregierungen die Befugniß, Versetzungen von Beamten (Bediensteten im weiteren Sinne) von Stelle zu Stelle vorzunehmen. Eine solche Versetzung in eine den Militäranwärtern vorbehaltene Stelle darf jedoch nur dann erfolgen, wenn dadurch eine den Militäranwärtern nach Maßgabe dieser Grundsätze zugängliche Stelle frei wird. Auch von solchen Versetzungen ist dem zuständigen Kriegsministerium Kenntniß zu geben.

VII. **Zu § 12.** Die Anstellungsbehörden werden durch die Landesregierungen bestimmt. Diesen soll unbenommen sein, Centralstellen einzurichten, an welche sämmtliche Bewerbungen ausschließlich zu richten sind, welchen die Anstellungsbehörden die zu besetzenden Stellen mitzutheilen haben und welche den Anstellungsbehörden die bei Einberufung der Stellenanwärter in Betracht zu ziehende Reihenfolge bezeichnen.

VIII. Zu § 16. Die Vermittelungsbehörden werden von den in den einzelnen Bundesstaaten zuständigen Organen bestimmt.

IX. Zu § 18. Als aus dem Kontingent Elsaß-Lothringens hervorgegangen werden alle diejenigen betrachtet, welche einem in Elsaß-Lothringen garnisonirenden Truppentheil angehört haben.

X. Zu § 30. Es handelt sich hier nicht um erworbene Rechtsansprüche, sondern um Anwartschaften; so soll insbesondere ein erworbener Anspruch dann als vorhanden angenommen werden, wenn für gewisse Dienstzweige die Prüfung bestanden oder der Vorbereitungsdienst zum größeren Theil absolvirt ist.

II. Nebenbeschäftigungen ꝛc.

8.

Kabinetsorder vom 13. Juli 1839, die für die Folge rücksichtlich der Übernahme von Nebenämtern durch Staatsbeamte zu beobachtenden Bestimmungen betreffend.[1] (GS. S. 235.)

Um den Nachtheilen vorzubeugen, welche bei Staatsbeamten aus der Annahme von Nebenämtern

[1] Beziehen sich nur auf die unmittelbaren Staatsbeamten. Kab.-Order v. 25. Juli 1840 (JustMinBl. S. 287).

entstehen können, sollen nach den Mir von dem Staatsministerium in dem Berichte vom 14. d. M. gemachten Vorschlägen, von jetzt an folgende Bestimmungen zur Anwendung kommen:

1. Kein Staatsbeamter darf ein Nebenamt oder eine Nebenbeschäftigung, mit welcher eine fortlaufende Remuneration verbunden ist, ohne vorgängige ausdrückliche Genehmigung[1] derjenigen Centralbehörden übernehmen, welchen das Haupt- und das Nebenamt untergeben sind.
2. Die betreffenden Centralbehörden haben sich in jedem einzelnen Falle über die, den obwaltenden besonderen Umständen entsprechenden Bedingungen, wovon die Ertheilung der Genehmigung abhängig zu machen ist, zu vereinigen. — Verabredungen, wonach ein Beamter, um eine Nebenstelle oder Nebenbeschäftigung zu übernehmen, sich in seinem Hauptamte, wenn auch auf eigene Kosten, ganz oder theilweise vertreten lassen will, sind unzulässig.

Zusammenstellung der gesetzlichen Vorschriften und der allgemeinen Verwaltungsvorschriften im JustMinBl. 1893 S. 3.

[1] Die Genehmigung ist auch zur Übernahme des Amtes eines Magistratsmitglieds oder Stadtverordneten erforderlich; Staatsministerialbeschluß v. 2. März 1851 (JustMinBl. S. 151); ebenso eines Schiedsmanns; § 2 der Schiedsmannsordnung v. 29. März 1879 (GS. S. 321). Über die Ablehnung von Kreis- und Gemeindeämtern vgl. Kreisordnung v. 13. Dez. 1872, §§ 8, 25.

3. Die Uebertragung von Nebenämtern oder Nebenbeschäftigungen darf in der Regel nur auf Widerruf stattfinden. Die Centralbehörden des Haupt- wie des Nebenamts sind gleich befugt, diesen Widerruf eintreten zu lassen, ohne daß eine Beschwerde darüber zulässig ist, oder eine Entschädigung für den Verlust der mit dem Nebenamte oder Geschäfte verbundenen Einnahmen oder Vortheile in Anspruch genommen werden kann. Die von Mir selbst genehmigten Ernennungen zu Nebenämtern sind jedoch als bleibende zu betrachten. — Aus besonderen Gründen können auch die Centralbehörden ausnahmsweise Nebenämter oder Nebenbeschäftigungen entweder bleibend oder doch auf bestimmte Jahre übertragen, oder zu einer solchen Uebertragung die Genehmigung ertheilen. — Es muß dieß aber bei der Verleihung oder der Genehmigung der Annahme ausdrücklich bemerkt werden, indem sonst der Widerruf jederzeit zulässig bleibt.

4. Mit alleiniger Ausnahme der Fälle, in denen eine in den Etats aufgeführte Stelle als Nebenamt bleibend verliehen ist, kann von dem mit Nebenämtern oder Geschäften verbundenen Einkommen auf Pension[1] niemals Anspruch gemacht werden, wogegen von diesem Einkommen auch keine Pensionsbeiträge zu ent-

[1] Vgl. § 12 des Pensionsgesetzes.

richten sind. In so weit jedoch das Diensteinkommen eines Nebenamts bei der Berechnung der Pensionsbeiträge bisher mit berücksichtigt worden ist, dauert die Entrichtung dieser Beiträge und der entsprechende Pensionsanspruch so lange fort, bis dieses Nebenamt anderweitig verliehen wird.

5. Alle Einnahmen und Emolumente, welche ein Beamter außer dem mit seinem Hauptamte verbundenen Einkommen aus Staats-, Instituten-, Korporations- oder anderen Kassen und Fonds bezieht, müssen in demjenigen Etat, worin das Hauptamt aufgeführt ist, genau vor der Linie vermerkt werden.[1] Auch ist in dem Jahresetat, worin eine solche Neben-Einnahme zum ersten Male erscheint, nachzuweisen, daß bei deren Verleihung den vorstehenden Vorschriften genügt worden.

Ich beauftrage das Staatsministerium, diese Bestimmungen, von denen ohne Meine spezielle Genehmigung niemals abgewichen werden darf, durch die Gesetzsammlung bekannt zu machen.

Berlin, den 13. Juli 1839.

Friedrich Wilhelm.

An das Staatsministerium.

---

[1] Vgl. § 26 des Staatshaushaltsgesetzes vom 11. Mai 1898 (GS. S. 77).

9.

Gesetz, betreffend die Betheiligung der Staatsbeamten bei der Gründung und Verwaltung von Aktien-, Kommandit- und Bergwerks-Gesellschaften. Vom 10. Juni 1874. (GS. S. 244.)

1. Unmittelbare Staatsbeamte dürfen ohne Genehmigung des vorgesetzten Ressortministers nicht Mitglieder des Vorstandes, Aufsichts- oder Verwaltungsrathes von Aktien-, Kommandit- oder Bergwerks-Gesellschaften[1] sein, und nicht in Komités zur Gründung solcher Gesellschaften eintreten.

Eine solche Mitgliedschaft ist gänzlich verboten, wenn dieselbe mittelbar oder unmittelbar mit einer Remuneration oder mit einem anderen Vermögensvortheile verbunden ist. Jedoch können die vor der Publikation dieses Gesetzes bereits ertheilten Genehmigungen, sofern sich aus der Benutzung derselben keine Unzuträglichkeiten ergeben haben, bis zum 1. Januar 1876 in Kraft belassen werden.

2. Solchen unmittelbaren Staatsbeamten, welche aus der Staatskasse eine fortlaufende Besoldung oder Remuneration nicht beziehen, oder welche nach der Natur ihres Amtes neben dieser Besoldung noch auf einen anderen Erwerb hingewiesen sind (Medizinalbeamte u. s. w.), kann die Genehmigung, auch wenn mit der Mitgliedschaft ein Vermögensvortheil

---

[1] Versicherungsgesellschaften auf Gegenseitigkeit, eingetragene Genossenschaften und Gesellschaften mit beschränkter Haftung sind also nicht mit eingeschlossen.

verknüpft ist, ertheilt werden, sofern die Uebernahme der letzteren nach dem Ermessen des vorgesetzten Ressortministers mit dem Interesse des Staatsdienstes vereinbar erscheint.

3. Die ertheilte Genehmigung ist jederzeit widerruflich.

4. Auf Rechtsanwalte, Advokatanwalte und Notarien,[1] sowie auf einstweilen in den Ruhestand versetzte Beamte finden die Bestimmungen dieses Gesetzes keine Anwendung.

10.

Allgemeine Gewerbeordnung.

Vom 17. Januar 1845. (GS. S. 41.)

19. Die in Reihe und Glied stehenden Militärpersonen, so wie alle unmittelbare und mittelbare Staatsbeamten, auch solche, die ihr Amt unentgeltlich verwalten, bedürfen zu dem Betriebe eines Gewerbes der Erlaubniß ihrer vorgesetzten Dienstbehörde, sofern nicht das Gewerbe mit der Bewirthschaftung eines ihnen gehörigen ländlichen Grundstückes verbunden, oder sonst durch besondere gesetzliche Bestimmungen ein Anderes angeordnet ist.

Diese Erlaubniß muß auch zu dem Gewerbebetriebe ihrer Ehefrauen, der in ihrer väterlichen Gewalt stehenden Kinder, ihrer Dienstboten und anderer Mitglieder ihres Hausstandes eingeholt werden.

---

[1] Vgl. ferner Art. 32 des Gesetzes über die freiwillige Gerichtsbarkeit vom 21. September 1899 (GS. S. 249).

11.

Gewerbeordnung für das Deutsche Reich.

Bekanntmachung vom 26. Juli 1900. (RGBl. S. 871.)

12. (Absatz 2). Diejenigen Beschränkungen, welche in Betreff des Gewerbebetriebs für Personen des Soldaten- und Beamtenstandes, sowie deren Angehörige bestehen, werden durch das gegenwärtige Gesetz nicht berührt.

12.

Verfassungs-Urkunde für den Preußischen Staat.

Vom 31. Januar 1850. (GS. S. 17.)

Art. 78 (Absatz 2). Beamte bedürfen keines Urlaubs zum Eintritt in die Kammer.[1]

13.

Verfassung des Deutschen Reichs.

Vom 16. April 1871. (RGBl. S. 63.)

Art. 21. Beamte bedürfen keines Urlaubs zum Eintritt in den Reichstag.

14.

Vormundschaftswesen.

Ausführungsgesetz zum BGB. vom 20. September 1899. (GS. S. 177.)

Art. 72. Wer ein Staatsamt oder ein besoldetes Amt in der Kommunal- oder Kirchenverwaltung bekleidet, bedarf zur Uebernahme einer Vormundschaft

[1] Auch nicht zur Übernahme eines Mandats als Kreistagsabgeordneter. Erlaß v. 24. Novbr. 1873 (MinBl. f. d. i. V. 1874 S. 94).

oder zur Fortführung einer vor dem Eintritt in das Amt übernommenen Vormundschaft der Erlaubniß der zunächst vorgesetzten Behörde. Das Gleiche gilt für die Uebernahme oder die Fortführung des Amtes eines Gegenvormundes, Pflegers oder Beistandes.

Die Erlaubniß kann zurückgenommen werden.

Notare bedürfen der Erlaubniß nicht.

Bürgerliches Gesetzbuch.

1784. Ein Beamter oder Religionsdiener, der nach den Landesgesetzen einer besonderen Erlaubniß zur Uebernahme einer Vormundschaft bedarf, soll nicht ohne die vorgeschriebene Erlaubniß zum Vormunde bestellt werden.

1888. Ist ein Beamter oder ein Religionsdiener zum Vormunde bestellt, so hat ihn das Vormundschaftsgericht zu entlassen, wenn die Erlaubniß, die nach den Landesgesetzen zur Uebernahme der Vormundschaft oder zur Fortführung der vor dem Eintritt in das Amts- oder Dienstverhältniß übernommenen Vormundschaft erforderlich ist, versagt oder zurückgenommen wird oder wenn die nach den Landesgesetzen zulässige Untersagung der Fortführung der Vormundschaft erfolgt.

1915. Auf die Pflegschaft finden die für die Vormundschaft geltenden Vorschriften entsprechende Anwendung, soweit sich nicht aus dem Gesetz ein Anderes ergiebt.

Die Bestellung eines Gegenvormundes ist nicht erforderlich.

15.

Deutsches Gerichtsverfassungsgesetz.

Fassung vom 20. Mai 1898. (RGBl. S. 369.)

34. Zu dem Amte eines Schöffen sollen ferner nicht berufen werden:

1. Minister;
4. Staatsbeamte, welche auf Grund der Landesgesetze jederzeit einstweilig in den Ruhestand versetzt werden können;[1])
5. richterliche Beamte und Beamte der Staatsanwaltschaft;
6. gerichtliche und polizeiliche Vollstreckungsbeamte;
7. Religionsdiener;
8. Volksschullehrer;

. . . .

Die Landesgesetze können außer den vorbezeichneten Beamten höhere Verwaltungsbeamte bezeichnen, welche zu dem Amte eines Schöffen nicht berufen werden sollen.

85 (Abs. 2). Die Vorschriften der §§ 32—35 über die Berufung zum Schöffenamte finden auch auf das Geschworenenamt Anwendung.

---

[1] Siehe Disziplinargesetz v. 21. Juli 1852 § 87 Nr. 2 u. v. 23. Sept. 1867 Art. VI.

16.

Ausführungsgesetz zum Deutschen Gerichtsverfassungsgesetz.

Vom 24. April 1878. (GS. S. 230.)

33. Zu dem Amte eines Schöffen sollen außer den im § 34 des Deutschen Gerichtsverfassungsgesetzes bezeichneten Beamten nicht berufen werden:

1. die vortragenden Räthe der Ministerien, einschließlich des Generalinspektors des Katasters;
2. die Provinzialsteuerdirektoren;
3. der Dirigent der Direktion für die Verwaltung der direkten Steuern in Berlin;
4. die Mitglieder des Oberverwaltungsgerichts, sowie die ständigen Mitglieder der Bezirksverwaltungsgerichte[1] und des Verwaltungsgerichts für die Stadt Berlin.

44. Die Vorschriften des § 33 über die Berufung zum Schöffenamte finden auch auf das Geschworenenamt Anwendung.

17.[2]

Deutsche Zivilprozeßordnung.

Fassung vom 20. Mai 1898. (RGBl. S. 369/410.)

376. Oeffentliche Beamte, auch wenn sie nicht mehr im Dienste sind, dürfen über Umstände, auf welche

---

[1] Jetzt Bezirksausschüsse.

[2] Gilt auch für das Beschlußverfahren vor Verwaltungsbehörden und für das Verwaltungsstreitverfahren. §§ 78, 120 des Ges. über die allgem. Landesverwaltung v. 30. Juli 1883 (GS. S. 195).

sich ihre Pflicht zur Amtsverschwiegenheit[1] bezieht, als Zeugen nur mit Genehmigung ihrer vorgesetzten Dienstbehörde oder der ihnen zuletzt vorgesetzt gewesenen Dienstbehörde vernommen werden. Für den Reichskanzler bedarf es der Genehmigung des Kaisers, für die Minister der Genehmigung des Landesherrn, für die Mitglieder der Senate der freien Hansestädte der Genehmigung des Senats.

Die Genehmigung darf nur versagt werden, wenn die Ablegung des Zeugnisses dem Wohle des Reichs oder eines Bundesstaates Nachtheil bereiten würde.

Die Genehmigung ist durch das Prozeßgericht einzuholen und dem Zeugen bekannt zu machen.

407. Der zum Sachverständigen Ernannte hat der Ernennung Folge zu leisten, wenn er zur Erstattung von Gutachten der erforderten Art öffentlich bestellt ist, oder wenn er die Wissenschaft, die Kunst oder das Gewerbe, deren Kenntniß Voraussetzung der Begutachtung ist, öffentlich zum Erwerbe ausübt oder wenn er zur Ausübung derselben öffentlich bestellt oder ermächtigt ist.

Zur Erstattung des Gutachtens ist auch derjenige verpflichtet, welcher sich zu derselben vor Gericht bereit erklärt hat.

Zu 17 u. 18: Erlasse v. 6. April 1883 (MinBl. f. d. i. V. S. 81), 17. Mai 1883 (JustMinBl. S. 155), 24. Mai 1886 (JustMinBl. S. 137, MinBl. f. d. i. V. S. 181) und 19. Februar 1895 (JustMinBl. S. 56).

[1] Siehe Kab.-Order v. 21. November 1835, oben Nr. 3.

408 Abs. 2. Die Vernehmung eines öffentlichen Beamten als Sachverständigen findet nicht statt, wenn die vorgesetzte Behörde des Beamten erklärt, daß die Vernehmung den dienstlichen Interessen Nachtheile bereiten würde.

18.

Deutsche Strafprozeßordnung.

Vom 1. Februar 1877. (RGBl. S. 253.)

53. — Gleichlautend mit § 376 Abs. 1 u. 2. der Zivilprozeßordnung. —

75. Desgl. mit § 407.

76 Abs. 2. Desgl. mit § 408 Abs. 2.

III. Militärverhältnisse.

19.

Reichsmilitärgesetz[1] vom 2. Mai 1874 (RGBl. S. 45) und Gesetz, betr. Ergänzungen und Aenderungen des Reichs-Militärgesetzes vom 6. Mai 1880.

(RGBl. S. 103.)

65.[2] Reichs-, Staats- und Kommunalbeamte, sowie Angestellte der Eisenbahnen, welche der Reserve

---

[1] Siehe noch deutsche Wehrordnung v. 22. November 1888 bzw. 20. Nov. 1893 und 22. Mai 1899 (RGBl. 1889 S. 1 bzw. 1893 S. 318, 1899 S. 165), §§ 22, 25, 125 ff. betr. Unabkömmlichkeit und die Kriegsbesoldungsvorschrift.

[2] Gilt auch für die Landwehr 2. Aufgebots und den Land-

oder Landwehr angehören, dürfen für den Fall einer Mobilmachung[1] oder nothwendigen Verstärkung des Heeres hinter den ältesten Jahrgang der Landwehr zurückgestellt werden, wenn ihre Stellen selbst vorübergehend nicht offen gelassen werden können und eine geeignete Vertretung nicht zu ermöglichen ist.

Personen des Beurlaubtenstandes und der Ersatzreserve, welche ein geistliches Amt in einer mit Korporationsrechten innerhalb des Bundesgebietes bestehenden Religionsgesellschaft bekleiden, werden zum Dienste mit der Waffe nicht herangezogen. Außerdem findet auf dieselben die Bestimmung des ersten Absatzes dieses Paragraphen Anwendung.

66.[2] Reichs-, Staats- und Kommunalbeamte sollen durch ihre Einberufung zum Militärdienst in ihren bürgerlichen Dienstverhältnissen keinen Nachtheil erleiden.

Ihre Stellen, ihr persönliches Diensteinkommen aus denselben und ihre Anciennetät, sowie alle sich daraus ergebenden Ansprüche bleiben ihnen in der Zeit der Einberufung zum Militärdienste gewahrt. Erhalten dieselben Offizierbesoldung, so kann ihnen

---

sturm. Art. II §§ 3, 29 des Gesetzes vom 11. Februar 1888 (RGBl. S. 11).

[1] Wegen des Anfangs- und Endtermins s. §§ 1, 32 des Ges. v. 13. Juni 1873 (RGBl. S. 129).

[2] Ausführungsbestimmungen v. 8. Mai 1898 (RCBl. S. 169) u. Zirk. v. 17. Juli 1888 (MinBl. f. d. i. V. S. 121).

Hinsichtlich der militärischen Friedensübungen Reskr. v. 20. August 1886 (MinBl. f. d. i. V. S. 197).

der reine Betrag derselben auf die Civilbesoldung angerechnet werden; denjenigen, welche einen eigenen Hausstand mit Frau oder Kind haben, beim Verlassen ihres Wohnortes jedoch nur, wenn und soweit das reine Civileinkommen und Militärgehalt zusammen den Betrag von 3600 Mark jährlich übersteigen.

Nach denselben Grundsätzen sind pensionirte oder auf Wartegeld stehende Civilbeamte hinsichtlich ihrer Pensionen oder Wartegelder zu behandeln, wenn sie bei einer Mobilmachung in den Kriegsdienst eintreten.

Obige Vergünstigungen kommen nach ausgesprochener Mobilmachung auch denjenigen in ihren Civilstellungen abkömmlichen Reichs- und Staatsbeamten zu Gute, welche sich freiwillig in das Heer aufnehmen lassen.

Die näheren Bestimmungen bleiben den einzelnen Bundesregierungen überlassen.

20.

Allerhöchster Erlaß, betreffend die Anrechnung der Militärdienstzeit auf das Dienstalter der Civilbeamten.[1] Vom 14. Dezember 1891.

(JMBl. S. 361, MinBl. f. d. i. V. 1892 S. 81.)

1. Den höheren Beamten, bei denen die Fähigkeit zur Bekleidung ihres Amtes von dem Bestehen einer Prüfung abhängt, wird bei Bestimmung des

---

[1] Vgl. ZirkErl. des JustMin. v. 29. Dezember 1891 u. 1892 (MinBl. f. d. i. V. 1893 S. 40, 41) und Staatsministerialbeschluß v. 22. Juni 1894 (S. 195).

Dienstalters, sofern dieselbe gemäß dem Zeitpunkte des Bestehens der Prüfung zu erfolgen hat, die Zeit, welche sie während ihrer Studienzeit oder ihres Vorbereitungsdienstes in Erfüllung der aktiven Dienstpflicht im stehenden Heere oder in der Marine gedient haben, insoweit in Anrechnung gebracht, als in Folge der Erfüllung der aktiven Dienstpflicht die Ablegung der bezeichneten Prüfung später stattgefunden hat.

2. Den Subalternbeamten wird bei Feststellung des Dienstalters, welches für ihre Berufung zur ersten etatsmäßigen Anstellung in Betracht kommt, die Zeit, welche sie während ihrer Ausbildungs- oder Vorbereitungszeit in Erfüllung der aktiven Dienstpflicht im stehenden Heere oder in der Marine gedient haben, bis zum Höchstbetrage eines Jahres insoweit in Anrechnung gebracht, als sie in Folge der Erfüllung der Dienstpflicht die Befähigung zur Bekleidung des betreffenden Amtes später erlangt haben.

3.[1] Die in den Subalterndienst übernommenen Militäranwärter sollen bei Feststellung ihrer Anciennetät um ein Jahr oder, wenn die Invalidität vor Ablauf eines Jahres eingetreten ist, um die thatsächlich abgeleistete aktive Dienstzeit zurückdatirt

---

[1] Findet nicht Anwendung, wenn Personen, welche bei der Gendarmerie oder Schutzmannschaft etatsmäßig angestellt waren, demnächst in einer Stelle des Subalterndienstes angestellt werden. Allerh. Erlaß v. 18. Dezember 1895 (MinBl. f. d. i. V. 1896 S. 40).

werden, sobald sie eine etatsmäßige Anstellung erhalten.

4. Anderen als den in Nr. 1 und 2 bezeichneten Beamten, welche nicht zu den Unterbeamten gehören, kann die Zeit, welche sie in Erfüllung der aktiven Dienstpflicht im stehenden Heere oder in der Marine gedient haben, in entsprechender Anwendung der Bestimmungen in Nr. 1 von dem Ressortchef bei Bestimmung des Dienstalters in Anrechnung gebracht werden.

5. Diese Vorschriften treten am 1. Januar 1892 in Kraft.

6. (Veraltete Übergangsbestimmung.)

IV. Disziplinarverhältnisse.

21.

Gesetz, betr. die Dienstvergehen der nicht richterlichen Beamten, die Versetzung derselben auf eine andere Stelle oder in den Ruhestand.

Vom 21. Juli 1852. (GS. S. 465.)

1. Das gegenwärtige Gesetz findet unter den darin ausdrücklich gemachten Beschränkungen auf alle in unmittelbarem oder mittelbarem Staatsdienste stehenden Beamten Anwendung, die nicht unter die Bestimmungen des die Richter betreffenden Gesetzes vom 7. Mai 1851 fallen.[1]

[1] Hinsichtlich der Mitglieder des Oberverwaltungsgerichts s.

Erster Abschnitt.

Allgemeine Bestimmungen über Dienstvergehen und deren Bestrafung.

2. Ein Beamter, welcher

1. die Pflichten verletzt, die ihm sein Amt auferlegt,[1] oder
2. sich durch sein Verhalten in oder außer dem Amte der Achtung, des Ansehens oder des Vertrauens, die sein Beruf erfordert, unwürdig zeigt,

unterliegt den Vorschriften dieses Gesetzes.

3. Ist eine der unter § 2 fallenden Handlungen (Dienstvergehen) zugleich in den gemeinen Strafgesetzen vorgesehen, so können die durch dieselben angedrohten Strafen nur auf Grund des gewöhnlichen Strafverfahrens von denjenigen Gerichten ausgesprochen werden, welche für die gewöhnlichen Strafsachen zuständig sind.

4. Im Laufe einer gerichtlichen Untersuchung darf gegen den Angeschuldigten ein Disziplinarverfahren wegen der nämlichen Thatsachen nicht eingeleitet werden.

---

§§ 20—25 des Gesetzes, betr. die Verfassung der Verwaltungsgerichte und das Verwaltungsstrafverfahren $\frac{\text{v. 3. Juli 1875}}{\text{2. August 1880}}$ (GS. v. 1880 S. 328); wegen der Subaltern- und Unterbeamten bei diesem Gerichte § 30a desselben Gesetzes, sowie Gesetz, betr. das Disziplinarverfahren bei dem Oberverwaltungsgericht v. 8. Mai 1889 (GS. S. 107).

[1] Siehe insbesondere Nr. 2, 3, 4, 8 ff., 24 dieses Buches.

Wenn im Laufe eines Disziplinarverfahrens wegen der nämlichen Thatsachen eine gerichtliche Untersuchung gegen den Angeschuldigten eröffnet wird, so muß das Displinarverfahren bis zur rechtskräftigen Erledigung des gerichtlichen Verfahrens ausgesetzt werden.

5. Wenn von den gewöhnlichen Strafgerichten auf Freisprechung erkannt ist, so findet wegen derjenigen Thatsachen, welche in der gerichtlichen Untersuchung zur Erörterung gekommen sind, ein Disziplinarverfahren nur noch insofern statt, als dieselben an sich und ohne ihre Beziehung zu dem gesetzlichen Thatbestande der Uebertretung, des Vergehens oder des Verbrechens, welche den Gegenstand der Untersuchung bildeten, ein Dienstvergehen enthalten.

Ist in einer gerichtlichen Untersuchung eine Verurtheilung ergangen, welche den Verlust des Amtes nicht zur Folge gehabt hat, so bleibt derjenigen Behörde, welche über die Einleitung des Disziplinarverfahrens zu verfügen hat, die Entscheidung darüber vorbehalten, ob außerdem ein Disziplinarverfahren einzuleiten oder fortzusetzen sei.

6. Spricht das Gesetz bei Dienstvergehen, welche Gegenstand eines Disziplinarverfahrens werden, die Verpflichtung zur Wiedererstattung oder zum Schadenersatze, oder eine sonstige civilrechtliche Verpflichtung aus, so gehört die Klage der Betheiligten vor das Civilgericht, jedoch vorbehaltlich der Bestimmung des § 100.

7.[1] Ist von dem gewöhnlichen Strafrichter auf eine Freiheitsstrafe von längerer als einjähriger Dauer, auf eine schwerere Strafe, auf Verlust der bürgerlichen Ehre, auf zeitige Untersagung der Ausübung der bürgerlichen Ehrenrechte, auf immerwährende oder zeitige Unfähigkeit zu öffentlichen Aemtern oder auf Stellung unter Polizeiaufsicht erkannt, so zieht das Straferkenntniß den Verlust des Amtes von selbst nach sich, ohne daß darauf besonders erkannt wird.

8. Ein Beamter, welcher sich ohne den vorschriftsmäßigen Urlaub von seinem Amte entfernt hält oder den ertheilten Urlaub überschreitet, ist, wenn ihm nicht besondere Entschuldigungsgründe zur Seite stehen, für die Zeit der unerlaubten Entfernung seines Diensteinkommens verlustig.

9. Dauert die unerlaubte Entfernung länger als acht Wochen, so hat der Beamte die Dienstentlassung verwirkt.

Ist der Beamte dienstlich aufgefordert worden, sein Amt anzutreten oder zu demselben zurückzukehren, so tritt die Strafe der Dienstentlassung schon nach fruchtlosem Ablauf von vier Wochen seit der ergangenen Aufforderung ein.

10. Die Entziehung des Diensteinkommens (§ 8) wird von derjenigen Behörde verfügt, welche den Urlaub zu ertheilen hat. Im Falle des Widerspruchs findet das förmliche Disziplinarverfahren statt.

---

[1] Vgl. auch Strafgesetzbuch §§ 31, 32, 35.

11. Die Dienstentlassung kann nur im Wege des förmlichen Disziplinarverfahrens ausgesprochen werden. Sie wird nicht verhängt, wenn sich ergiebt, daß der Beamte ohne seine Schuld von seinem Amte fern gewesen ist.

12. Die Einleitung eines Disziplinarverfahrens wegen unerlaubter Entfernung vom Amte und die Dienstentlassung vor Ablauf der Fristen (§ 9) ist nicht ausgeschlossen, wenn sie durch besonders erschwerende Umstände als gerechtfertigt erscheint.

13. Die in dem § 9 erwähnte Aufforderung, sowie alle anderen Aufforderungen, Mittheilungen, Zustellungen und Vorladungen, welche nach den Bestimmungen dieses Gesetzes erfolgen, sind gültig und bewirken den Lauf der Fristen, wenn sie demjenigen, an den sie ergehen, unter Beobachtung der für gerichtliche Insinuationen[1] vorgeschriebenen Formen in Person zugestellt oder wenn sie in seiner letzten Wohnung an dem Orte insinuirt werden, wo er seinen letzten Wohnsitz im Inlande hatte. Die vereideten Verwaltungsbeamten haben dabei den Glauben der Gerichtsboten.

14. Die Disziplinarstrafen bestehen in
Ordnungsstrafen,
Entfernung aus dem Amte.

15. Ordnungsstrafen sind:
1. Warnung,

[1] Strafprozeßordnung § 37 und Zivilprozeßordnung §§ 180—196.

2. Verweis,
3. Geldbuße,
4. gegen untere Beamte auch Arreststrafe auf die Dauer von höchstens acht Tagen, welche jedoch nur in solchen Räumen zu vollstrecken ist, die den Verhältnissen der zu bestrafenden Beamten angemessen sind.

Zu dieser Beamtenklasse werden im Allgemeinen nur gerechnet: Exekutoren, Boten, Kastellane, Diener und die zu ähnlichen, sowie die zu blos mechanischen Funktionen bestimmten Beamten. Außerdem ist das Staatsministerium ermächtigt, in der Steuer-, Post-,[1] Polizei- und Eisenbahn-Verwaltung diejenigen Beamten-Kategorien speziell zu bezeichnen, gegen welche Arreststrafen verhängt werden können.

16. Die Entfernung aus dem Amte kann bestehen:

1. in Versetzung in ein anderes Amt von gleichem Range, jedoch mit Verminderung des Diensteinkommens und Verlust des Anspruches auf Umzugskosten, oder mit einem von beiden Nachtheilen.

Diese Strafe findet nur auf Beamte im unmittelbaren Staatsdienste Anwendung;

2. in Dienstentlassung.

Diese Strafe zieht den Verlust des Titels und Pensions-Anspruches von selbst nach sich; es wird darauf nicht besonders erkannt, es sei

[1] Postbeamte sind jetzt Reichsbeamte.

denn, daß vor Beendigung des Disziplinarverfahrens aus irgend einem von dessen Ergebniß unabhängigen Grunde das Amtsverhältniß bereits aufgehört hat und daher auf Dienstentlassung nicht mehr zu erkennen ist.

Gehört der Angeschuldigte zu den Beamten, welche einen Anspruch auf Pension haben, und lassen besondere Umstände eine mildere Beurtheilung zu, so ist die Disziplinarbehörde ermächtigt, in ihrer Entscheidung zugleich festzusetzen, daß dem Angeschuldigten ein Theil des reglementsmäßigen Pensionsbetrages auf Lebenszeit oder auf gewisse Jahre als Unterstützung zu verabreichen sei.

17. Welche der in den §§ 14 bis 16 bestimmten Strafen anzuwenden sei, ist nach der größeren oder geringeren Erheblichkeit des Dienstvergehens mit Rücksicht auf die sonstige Führung des Angeschuldigten zu ermessen, unbeschadet der besonderen Bestimmungen der §§ 8 und 9.

Zweiter Abschnitt.

Von dem Disziplinarverfahren.

18. Jeder Dienstvorgesetzte ist zu Warnungen und Verweisen gegen seine Untergebenen befugt.

19. In Beziehung auf die Verhängung von Geldbußen ist die Befugniß der Dienstvorgesetzten begrenzt, wie folgt[1]:

---

[1] Siehe ferner Kreis- und Provinzialordnung, sowie das Landesverwaltungs- und Zuständigkeitsgesetz. Wegen der Post-,

Die Vorsteher derjenigen Behörden, welche unter den Provinzialbehörden stehen, einschließlich die Landräthe, können gegen die ihnen selbst untergebenen Beamten, sowie gegen die Beamten der ihnen untergeordneten Behörden Geldbußen bis zu drei Thalern verfügen. Gleiche Befugniß haben die Vorsteher der Postanstalten in Bezug auf ihre Untergebenen und die Postinspektoren in Bezug auf die Unterbeamten ihres Bezirks.

Andere Vorgesetzte der unteren Beamten dürfen solche Geldbußen nur insofern verfügen, als ihnen die Befugniß zur Verhängung von Geldbußen durch besondere Gesetze oder auf Grund solcher Gesetze erlassene Instruktionen beigelegt ist.

Den Ober-Postdirektoren, dem Telegraphendirektor, sowie den von der Staatsregierung eingesetzten Behörden der Eisenbahnverwaltung steht die Befugniß zu, gegen alle ihnen untergebenen Beamten Geldbußen bis zu zehn Thalern zu verhängen.

Die Provinzialbehörden sind ermächtigt, die ihnen untergeordneten Beamten mit Geldbuße bis zu dreißig Thalern zu belegen, besoldete Beamte jedoch nicht über den Betrag des einmonatlichen Diensteinkommens hinaus.

Gleiche Befugniß haben die Vorsteher der Pro-

Telegraphen- u. Militärbeamten s. jetzt Reichsbeamtengesetz v. 31. März 1873 (RGBl. S. 61). Wegen der Eisenbahnbeamten s. Gesetz v. 17. Juni 1880 (GS. S. 271) und § 6 der Verwaltungsordnung v. 15. Dezb. 1894 (GS. 1895 S. 14).

vinzialbehörden in Ansehung der bei letzteren angestellten unteren Beamten.

Die Minister haben die Befugniß, allen ihnen unmittelbar oder mittelbar untergebenen Beamten Geldbußen bis zum Betrage des monatlichen Diensteinkommens, unbesoldeten Beamten aber bis zur Summe von dreißig Thalern aufzuerlegen.

Welche Beamten im Sinne dieses Paragraphen zu den unteren zu rechnen sind, wird durch das Staatsministerium bestimmt.

20. Nur diejenigen Dienstvorgesetzten, welche gegen die in § 15 Nr. 4 bezeichneten Beamten Geldbuße verhängen können, sind ermächtigt, gegen dieselben Arreststrafen zu verfügen.

Diejenigen Vorgesetzten, deren Strafgewalt auf Geldbuße bis zu drei Thalern beschränkt ist, dürfen bei den Arreststrafen das Maaß von drei Tagen nicht überschreiten.

21. Gegen die Verfügung von Ordnungsstrafen findet nur Beschwerde im vorgeschriebenen Instanzenzuge statt.

22. Der Entfernung aus dem Amte muß ein förmliches Disziplinarverfahren vorhergehen. Dasselbe besteht in der von einem Kommissar zu führenden schriftlichen Voruntersuchung und in einer mündlichen Verhandlung nach den folgenden näheren Bestimmungen.

23. Die Einleitung des Disziplinarverfahrens wird verfügt und der Untersuchungs-Kommissar ernannt:

1. wenn die Entscheidung der Sache vor den Disziplinarhof gehört (§ 24 Nr. 1), von dem Minister, welcher dem Angeschuldigten vorgesetzt ist.

   Ist jedoch Gefahr im Verzuge, so kann diese Verfügung und Ernennung vorläufig von dem Vorsteher der Provinzialbehörde des Ressorts ausgehen. Es ist alsdann die Genehmigung des Ministers einzuholen und, sofern dieselbe versagt wird, das Verfahren einzustellen;
2. in allen anderen Fällen von dem Vorsteher der Behörde, welche die entscheidende Disziplinarbehörde bildet (§ 24 Nr. 2), oder von dem vorgesetzten Minister.

24. Die entscheidenden Disziplinarbehörden erster Instanz sind:

1. der Disziplinarhof zu Berlin (§ 29) in Ansehung derjenigen Beamten, zu deren Anstellung nach den Bestimmungen, welche zur Zeit der verfügten Einleitung der Untersuchung gelten, eine von dem Könige oder von den Ministern ausgehende Ernennung, Bestätigung oder Genehmigung erforderlich ist;
2. die Provinzialbehörden,[1] als:
   die Regierungen,
   die Provinzial-Schulkollegien,
   die Provinzial-Steuerdirektionen,

---

[1] Jetzt auch die Direktion der Verwaltung der direkten Steuern in Berlin, s. § 45 des Gesetzes über die allgemeine Landesverwaltung v. 30. Juli 1883 (GS. S. 195).

die Oberbergämter,
die Generalkommissionen,
die Militairintendanturen,[1]
das Polizeipräsidium zu Berlin,
die Eisenbahnkommissariate,[2]

in Ansehung aller Beamten, die bei ihnen angestellt oder ihnen untergeordnet und nicht vorstehend unter 1. begriffen sind.

Den Provinzialbehörden werden in dieser Beziehung gleichgestellt die unter den Ministern stehenden Central-Verwaltungsbehörden in Dienstzweigen, für welche keine Provinzialbehörden bestehen, sowie die Generallandschafts- und Hauptritterschafts-Direktionen.

25. Für diejenigen Kategorien von Beamten, welche nicht unter den im § 24 bezeichneten begriffen sind, ist die entscheidende Disziplinarbehörde die Regierung, in deren Bezirk sie fungiren und für die in Berlin oder im Auslande fungirenden die Regierung in Potsdam.

26. Die Zuständigkeit der Provinzialbehörden kann von dem Staatsministerium auf einzelne Kategorien solcher Beamten ausgedehnt werden, welche von den Ministern ernannt oder bestätigt werden, aber nicht zu den etatsmäßigen Mitgliedern einer Provinzialbehörde gehören.

---

[1] Dafür gilt jetzt das Reichsbeamtengesetz.

[2] Sind hinweggefallen; jetzt Eisenbahndirektionen (GS. 1895 S. 11 u. 1896 S. 253).

27. Für den Fall, daß bei der zuständigen Disziplinarbehörde die beschlußfähige Anzahl von Mitgliedern nicht vorhanden ist, oder wenn auf den Antrag des Beamten der Staatsanwaltschaft oder des Angeschuldigten der Disziplinarhof das Vorhandensein von Gründen anerkennt, aus welchen die Unbefangenheit der zuständigen Disziplinarbehörde bezweifelt werden kann, tritt eine andere durch das Staatsministerium substituirte Disziplinarbehörde an deren Stelle.

28. Streitigkeiten über die Kompetenz der Disziplinarbehörden als solcher werden von dem Staatsministerium, nach Vernehmung des Gutachtens des Disziplinarhofes, entschieden.

29. Der Disziplinarhof besteht aus einem Präsidenten und zehn anderen Mitgliedern, von denen wenigstens vier zu den Mitgliedern des (Obertribunals jetzt) Kammergerichts gehören müssen.

Die Mitglieder des Disziplinarhofes werden von dem Könige auf drei Jahre ernannt.

Ein Mitglied, welches im Laufe dieser Periode ernannt wird, bleibt nur bis zum Ende derselben in Thätigkeit.

Die ausscheidenden Mitglieder können wieder ernannt werden.

30. Zur Erledigung der Disziplinarsachen ist bei dem Disziplinarhofe die Theilnahme von wenigstens sieben Mitgliedern mit Einschluß des Vorsitzenden erforderlich, von denen wenigstens zwei zu den Mit-

gliedern des (Obertribunals jetzt) Kammergerichts gehören müssen.

31. Bei den Provinzialbehörden werden die Disziplinarsachen in besonderen Plenarsitzungen erledigt, an welchen mindestens drei stimmberechtigte Mitglieder Theil nehmen müssen. In diesen Plenarsitzungen steht bei den Regierungen den Mitgliedern derselben nur dasjenige Stimmrecht zu, welches ihnen durch die allgemeinen Vorschriften für Verhandlung im Plenum beigelegt ist. Bei den übrigen Provinzialbehörden nehmen an den zur Erledigung der Disziplinarsachen bestimmten Plenarsitzungen nur die etatsmäßigen Mitglieder und diejenigen Theil, welche eine etatsmäßige Stelle versehen. Bei den Eisenbahnkommissariaten[1] tritt zur Erledigung der Disziplinarsachen der, ein- für allemal hierzu bestimmte Kommissarius der Regierung, in deren Bezirk das Eisenbahnkommissariat seinen Sitz hat, in Berlin der Justitiarius des Polizeipräsidiums ein. Alle in dieser Weise zur Theilnahme Berufenen haben ein volles Stimmrecht, auch wenn die Behörde sonst keine kollegialische Einrichtung hat.

32. In der Voruntersuchung wird der Angeschuldigte unter Mittheilung der Anschuldigungspunkte vorgeladen und, wenn er erscheint, gehört; es werden die Zeugen eidlich vernommen und die zur Aufklärung der Sache dienenden sonstigen Beweise herbeigeschafft.

---

[1] Jetzt Direktionen.

Die Verrichtungen der Staatsanwaltschaft werden durch einen Beamten wahrgenommen, welchen die Behörde ernennt, von der die Einleitung des Disziplinarverfahrens verfügt wird.

Bei der Vernehmung des Angeschuldigten und dem Verhöre der Zeugen ist ein vereideter Protokollführer zuzuziehen.

33. Der dem Angeschuldigten vorgesetzte Minister ist ermächtigt, mit Rücksicht auf den Ausfall der Voruntersuchung, das fernere Verfahren einzustellen und geeigneten Falles nur eine Ordnungsstrafe zu verhängen.

Ist eine sonstige Behörde, welche die Einleitung der Untersuchung verfügt hat, der Ansicht, daß das fernere Verfahren einzustellen sei, so muß sie darüber an den Minister zu dessen Beschlußnahme berichten.

In beiden Fällen erhält der Angeschuldigte Ausfertigung des darauf bezüglichen, mit Gründen zu unterstützenden Beschlusses.

34. Wird das Verfahren nicht eingestellt, so wird nach Eingang einer von dem Beamten der Staatsanwaltschaft anzufertigenden Anschuldigungsschrift der Angeschuldigte unter abschriftlicher Mittheilung dieser Anschuldigungsschrift zu einer von dem Vorsitzenden der Disziplinarbehörde zu bestimmenden Sitzung zur mündlichen Verhandlung vorgeladen.

35. Bei der mündlichen Verhandlung, welche in nicht öffentlicher Sitzung stattfindet, giebt zuerst ein von dem Vorsitzenden der Behörde aus der Zahl ihrer Mitglieder ernannter Referent eine Darstellung

der Sache, wie sie aus den bisherigen Verhandlungen hervorgeht.

Der Angeschuldigte wird vernommen.

Es wird darauf der Beamte der Staatsanwaltschaft mit seinem Vor- und Antrage und der Angeschuldigte in seiner Vertheidigung gehört.

Dem Angeschuldigten steht das letzte Wort zu.

36. Wenn die Behörde auf den Antrag des Angeschuldigten oder des Beamten der Staatsanwaltschaft, oder auch von Amtswegen die Vernehmung eines oder mehrerer Zeugen, sei es durch einen Kommissar, oder mündlich vor der Behörde selbst, oder die Herbeischaffung anderer Mittel zur Aufklärung der Sache für angemessen erachtet, so erläßt sie die erforderliche Verfügung und verlegt nöthigenfalls die Fortsetzung der Sache auf einen anderen Tag, welcher dem Angeschuldigten bekannt zu machen ist.

37. Der Angeschuldigte, welcher erscheint, kann sich des Beistandes eines (Advokaten oder) Rechtsanwaltes als Vertheidigers bedienen. Der nicht erscheinende Angeschuldigte kann sich durch einen (Advokaten oder) Rechtsanwalt vertreten lassen. Der Disziplinarbehörde steht es jedoch jederzeit zu, das persönliche Erscheinen des Angeschuldigten unter der Warnung zu verordnen, daß, bei seinem Ausbleiben, ein Vertheidiger zu seiner Vertretung nicht werde zugelassen werden.

38. Bei der Entscheidung hat die Disziplinarbehörde, ohne an positive Beweisregeln gebunden

zu sein, nach ihrer freien, aus dem ganzen Inbegriff der Verhandlungen und Beweise geschöpften Ueberzeugung zu beurtheilen, in wieweit die Anschuldigung für begründet zu erachten.

Die Entscheidung kann auch auf eine bloße Ordnungsstrafe lauten.

Die Entscheidung, welche mit Gründen versehen sein muß, wird in der Sitzung, in welcher die mündliche Verhandlung beendigt worden ist, oder in einer der nächsten Sitzungen verkündigt und eine Ausfertigung derselben dem Angeschuldigten auf sein Verlangen ertheilt.

39. Ueber die mündliche Verhandlung wird ein Protokoll aufgenommen, welches die Namen der Anwesenden und die wesentlichen Momente der Verhandlung enthalten muß. Das Protokoll wird von dem Vorsitzenden und dem Protokollführer unterzeichnet.

40. Das Rechtsmittel des Einspruches (Restitution oder Opposition) findet nicht statt.

41. Gegen die Entscheidung steht die Berufung an das Staatsministerium, sowohl dem Beamten der Staatsanwaltschaft, als dem Angeschuldigten offen.

42. Die Anmeldung der Berufung geschieht zu Protokoll oder schriftlich bei der Behörde, welche die anzugreifende Entscheidung erlassen hat. Von Seiten des Angeschuldigten kann sie auch durch einen Bevollmächtigten geschehen.

Die Frist zu dieser Anmeldung ist eine vier=

wöchentliche, welche mit dem Ablaufe des Tages, an welchem die Entscheidung verkündigt worden ist, und für den Angeschuldigten, welcher hierbei nicht zugegen war, mit dem Ablaufe des Tages beginnt, an welchem ihm die Entscheidung zugestellt worden ist.

43. Zur schriftlichen Rechtfertigung der Berufung steht demjenigen, der dieselbe rechtzeitig angemeldet hat, eine fernere vierzehntägige Frist offen.

Diese Frist kann auf den Antrag des Appellanten angemessen verlängert werden.

Neue Thatsachen, welche die Grundlagen einer andern Beschuldigung bilden, dürfen in zweiter Instanz nicht vorgebracht werden.

44. Die Anmeldung der Berufung und die etwa eingegangene Appellationsschrift wird dem Appellaten in Abschrift zugestellt oder dem Beamten der Staatsanwaltschaft, falls er Appellat ist, in Urschrift vorgelegt.

Innerhalb vierzehn Tagen nach erfolgter Zustellung oder Vorlegung kann der Appellat eine Gegenschrift einreichen.

Diese Frist kann auf den Antrag des Appellaten angemessen verlängert werden.

45. Nach Ablauf der in dem § 44 bestimmten Frist werden die Akten an das Staatsministerium eingesandt.

Das Staatsministerium beschließt auf den Vortrag eines von dem Vorsitzenden ernannten Referenten; in Sachen jedoch, in welchen der Disziplinarhof in erster Instanz geurtheilt hat, auf den Vortrag zweier von dem Vorsitzenden ernannten Referenten, von denen einer dem Justizministerium angehören muß.

Ist die Berufung von der Entscheidung einer Provinzialbehörde eingelegt, so kann das Staatsministerium keinen Beschluß fassen, bevor das Gutachten des Disziplinarhofes eingeholt worden ist.

Der Disziplinarhof kann die zur Aufklärung der Sache etwa erforderlichen Verfügungen erlassen. Er kann auch eine mündliche Verhandlung anordnen, zu welcher der Angeschuldigte vorzuladen und ein Beamter der Staatsanwaltschaft zuzuziehen ist. Der Letztere wird in diesem Falle vom Minister des Ressorts bezeichnet.

46. Lautet die Entscheidung oder das Gutachten des Disziplinarhofes auf Freisprechung des Angeschuldigten oder nur auf Warnung oder Verweis, so kann das Staatsministerium, wenn es den Angeschuldigten strafbar findet, nicht die Strafe der Dienstentlassung, sondern nur eine geringere Disziplinarstrafe verhängen, oder die einstweilige Versetzung in den Ruhestand mit Wartegeld verfügen.

47. Eine jede Entscheidung der Disziplinarbehörde, gegen die kein Rechtsmittel mehr stattfindet und durch welche die Dienstentlassung ausgesprochen ist, bedarf der Bestätigung des Königs, wenn der Beamte vom Könige ernannt oder bestätigt worden ist.

Dritter Abschnitt.

Vorläufige Dienstenthebung.

48. Die Suspension eines Beamten vom Amte tritt kraft des Gesetzes ein:

1. wenn in dem gerichtlichen Strafverfahren seine Verhaftung beschlossen, oder gegen ihn ein noch nicht rechtskräftig gewordenes Urtheil erlassen ist, welches auf den Verlust des Amtes lautet, oder diesen kraft des Gesetzes nach sich zieht;[1]
2. wenn im Disziplinarverfahren eine noch nicht rechtskräftige Entscheidung ergangen ist, welche auf Dienstentlassung lautet.

49. In dem im vorhergehenden Paragraphen unter Nr. 1 vorgesehenen Falle dauert die Suspension bis zum Ablauf des zehnten Tages nach Wiederaufhebung des Verhaftungsbeschlusses oder nach eingetretener Rechtskraft desjenigen Urtheils höherer Instanz, durch welches der angeschuldigte Beamte zu einer anderen Strafe als der bezeichneten verurtheilt wird.

Lautet das rechtskräftige Urtheil auf Freiheitsstrafe, so dauert die Suspension bis das Urtheil vollstreckt ist. Wird die Vollstreckung des Urtheils, ohne Schuld des Verurtheilten, aufgehalten oder

---

[1] Der Amtsverlust kraft Gesetzes tritt ein: bei Verurteilung zur Zuchthausstrafe, bei Aberkennung der bürgerlichen Ehrenrechte, bei Aberkennung der bekleideten öffentlichen Ämter oder der Fähigkeit zur Bekleidung öffentlicher Ämter (StGB. §§ 31 ff., 81 ff.) u. a. m.

unterbrochen, so tritt für die Zeit des Aufenthaltes oder der Unterbrechung eine Gehaltsverkürzung (§ 51) nicht ein. Dasselbe gilt für die im ersten Absatze dieses Paragraphen erwähnte Zeit von zehn Tagen, wenn nicht vor Ablauf derselben die Suspension vom Amte im Wege des Disziplinarverfahrens beschlossen wird.

In dem § 48 unter Nr. 2 erwähnten Falle dauert die Suspension bis zur Rechtskraft der in der Disziplinarsache ergehenden Entscheidung.

50. Die zur Einleitung der Disziplinaruntersuchung ermächtigte Behörde kann die Suspension, sobald gegen den Beamten ein gerichtliches Strafverfahren eingeleitet, oder die Einleitung einer Disziplinaruntersuchung verfügt wird, oder auch demnächst im ganzen Laufe des Verfahrens bis zur rechtskräftigen Entscheidung verfügen.

51. Der suspendirte Beamte behält während der Suspension die Hälfte seines Diensteinkommens.

Auf die für Dienstunkosten besonders angesetzten Beträge ist bei Berechnung der Hälfte des Diensteinkommens keine Rücksicht zu nehmen.

Der innebehaltene Theil des Diensteinkommens ist zu den Kosten, welche durch die Stellvertretung des Angeschuldigten verursacht werden, der etwaige Rest zu den Untersuchungskosten zu verwenden. Einen weiteren Beitrag zu den Stellvertretungskosten zu leisten, ist der Beamte nicht verpflichtet.

52. Der zu den Kosten (§ 51) nicht verwendete Theil des Einkommens wird dem Beamten nicht

nachgezahlt, wenn das Verfahren die Entfernung aus dem Amte zur Folge gehabt hat.

Erinnerungen über die Verwendung des Einkommens stehen den Beamten nicht zu; wohl aber ist ihm auf Verlangen eine Nachweisung über diese Verwendung zu ertheilen.

53. Wird der Beamte freigesprochen, so muß ihm der innebehaltene Theil des Diensteinkommens vollständig nachgezahlt werden.

Wird er nur mit einer Ordnungsstrafe belegt, so ist ihm der innebehaltene Theil, ohne Abzug der Stellvertretungskosten, nachzuzahlen, soweit derselbe nicht zur Deckung der Untersuchungskosten und der Ordnungsstrafe erforderlich ist.

54. Wenn Gefahr im Verzuge ist, kann einem Beamten auch von solchen Vorgesetzten, die seine Suspension zu verfügen nicht ermächtigt sind, die Ausübung der Amtsverrichtungen vorläufig untersagt werden; es ist aber darüber sofort an die höhere Behörde zu berichten.

Vierter Abschnitt.

Nähere und besondere Bestimmungen in Betreff der Beamten der Justizverwaltung.

(Wegen der gegenwärtigen Bezeichnung der Gerichte s. §§ 2, 3, 8 der Novelle von 1879, wegen der Polizeianwalte § 15, der Beamten der gerichtlichen Polizei § 16 der Novelle.)

55. Hinsichtlich der Beamten der Justizverwaltung, welche kein Richteramt bekleiden, gelten die nachfolgenden näheren Bestimmungen.

56. Der Justizminister kann gegen alle Beamte Ordnungsstrafen jeder Art (§§ 15, 19) verhängen, vorbehaltlich der in den §§ 66 bis 68 enthaltenen Einschränkungen.

57. Der Staatsanwalt bei einem (Appellations- jetzt) Oberlandesgerichte (Oberstaatsanwalt, Generalprokurator) ist befugt, gegen alle im Bezirke des (Appellations- jetzt) Oberlandesgerichts angestellten Beamten der Staatsanwaltschaft Warnungen und Verweise, gegen die Beamten der Staatsanwaltschaft bei den (Polizeigerichten jetzt) Amts- und Schöffengerichte (Polizeianwalte jetzt:) Amtsanwalte und gegen die Beamten der gerichtlichen Polizei Warnungen, Verweise und Geldbuße bis zu zehn Thalern zu verhängen.

Die Art. 280, 281, 282 der Rheinischen Strafprozeßordnung sind aufgehoben.

58. Der [Erste] Staatsanwalt bei einem [Landgericht] ist befugt, allen Beamten der Staatsanwaltschaft und der gerichtlichen Polizei im Bezirke dieses Gerichtes Warnungen zu ertheilen. [1]

59. Die Vorgesetzten, welche außer dem Justizminister befugt sind, von Amtswegen oder auf den Antrag der Staatsanwaltschaft gegen Büreau- und Unterbeamte der Gerichte Ordnungsstrafen [2] zu ver-

---

[1] S. § 19 der Novelle von 1879.

[2] Vgl. auch §§ 73, 80, 81 des Ausführungsgesetzes zum Deutschen Gerichtsverfassungsgesetz vom 24. April 1878 (GS. S. 230).

hängen, sind, vorbehaltlich der Bestimmungen der §§ 60 und 61:

1. Der Erste Präsident des Obertribunals[1] 2c. Die Geldbuße darf die Summe von dreißig Thalern nicht übersteigen.
2. Der Präsident eines (Appellations= jetzt) Oberlandesgerichts in Ansehung der Beamten innerhalb des (Appellations= jetzt) Oberlandesgerichtsbezirks, mit der nämlichen Beschränkung in Betreff der Geldbußen.
3. Der Präsident[2] oder Direktor eines Gerichts erster Instanz in Ansehung der Beamten innerhalb des Bezirks dieses Gerichts. Die Geldbuße darf die Summe von zehn Thalern nicht übersteigen.
4. Der Dirigent einer Kriegsgerichtsdeputation[3] 2c. Die Geldbuße darf die Summe von drei Thalern nicht übersteigen.
5. Der Einzelrichter in Ansehung der bei dem Gerichte (der Gerichtskommission)[4] angestellten Beamten mit der nämlichen Beschränkung in Betreff der Geldbuße.
6. Der Präsident des Revisionskollegiums[5] in Ansehung der bei dieser Behörde angestellten Be=

[1] Jetzt aufgehoben.
[2] Auch der Amtsgerichtspräsident beim Amtsgericht Berlin I, Gesetz v. 10. April 1892 (GS. S. 77).
[3] Jetzt aufgehoben.
[4] Amtsgericht.
[5] Oberlandeskulturgericht.

amten. Die Geldbuße darf die Summe von dreißig Thalern nicht übersteigen.

7. Der Generalauditeur in Ansehung der bei dem Generalauditoriate angestellten oder dieser Behörde untergeordneten Beamten[1] ꝛc.

60, 61.[2]

62. Die Beschwerde gegen Ordnungsstrafen geht:

1. in den Fällen des § 59 Nr. 1 und 2 an den Justizminister;
2. in den Fällen des § 59 Nr. 3, 4 und 5[3] an den Präsidenten des (Appellations- jetzt) Oberlandesgerichts und von dessen Verfügung an den Justizminister;
3. von den Verfügungen eines Beamten der Staatsanwaltschaft an den höheren Beamten derselben, und von dessen Verfügung an den Justizminister;
4. in den Fällen des § 59 Nr. 6 an den Minister für die landwirthschaftlichen Angelegenheiten;
5. in den Fällen des § 59 Nr. 7 an den Kriegsminister.

63. Die Bestimmungen über die Entfernung aus dem Amte (§ 23 Nr. 1, §§ 24 ff.) finden auf die Beamten der Staatsanwaltschaft Anwendung. In Ansehung der (Polizei- jetzt) Amtsanwalte und der

---

[1] Unterstehen jetzt den Vorschriften des Reichsbeamtengesetzes.

[2] §§ 60, 61 fallen weg zufolge §§ 18, 19 der Novelle.

[3] Zu 5 zunächst an den Landgerichtspräsidenten.

Beamten der gerichtlichen Polizei ist deren sonstige amtliche Eigenschaft für die Zuständigkeit der Disziplinarbehörde maßgebend.

64. Hinsichtlich der Büreau- und Unterbeamten bei den Gerichten (§ 59) treten folgende Modifikationen ein:

1. Die Verfügung wegen Einleitung des Disziplinarverfahrens steht, auch bei den von dem Justizminister ernannten Beamten, dem Apellations-, jetzt Oberlandesgerichte, und die Ernennung des Untersuchungskommissars dem Ersten Präsidenten des Gerichts zu, unbeschadet der Befugniß des Justizministers zu dieser Verfügung und Ernennung;
2. die entscheidende Disziplinarbehörde erster Instanz [1] ist das [Oberlandes]gericht, und zwar in derjenigen Abtheilung, in welcher der Erste Präsident gewöhnlich den Vorsitz führt;
3. der Staatsanwalt bei dem [Oberlandes]gerichte kann die Einleitung des Disziplinarverfahrens beantragen. Es werden demselben vor dem Abschlusse der Voruntersuchung die Akten zur Stellung seines Antrages vorgelegt;
4. wenn der Beamte bei dem Revisionskollegium [2] angestellt ist, so werden die den [Oberlandes]-gerichten und deren Ersten Präsidenten unter Nr. 1 und 2 beigelegten Befugnisse von dieser

---

[1] Jetzt § 11 der Novelle von 1879.
[2] Jetzt Oberlandeskulturgericht.

Behörde und deren Präsidenten wahrgenommen, unbeschadet der Befugniß des Ministers für die landwirthschaftlichen Angelegenheiten, die Einleitung der Untersuchung zu verfügen und den Kommissar zu ernennen;

5. ist der Beamte bei dem Generalauditoriate[1] rc.

65.[2]

66.[3] Auf die Advokaten, Rechtsanwalte und Notarien finden nur die Bestimmungen der §§ 2 bis 7 und der §§ 48 bis 50 dieses Gesetzes Anwendung.

67 bis 76.[3]

77.[4] Wenn ein Rechtsanwalt, ein Notar oder ein Gerichtsvollzieher durch Blindheit, Taubheit oder ein sonstiges körperliches Gebrechen, oder wegen Schwäche seiner körperlichen oder geistigen Kräfte zu der Erfüllung seiner Amtspflichten dauernd unfähig ist, so hat der Staatsanwalt bei dem [Oberlandes]gerichte ihn oder}seinen nöthigenfalls zu bestellenden Kurator schriftlich unter Angabe der Gründe zur Niederlegung des Amtes aufzufordern. Tritt innerhalb sechs Wochen nach dieser Auf-

---

[1] Vgl. Note zu § 59 Nr. 7.

[2] § 65 durch §§ 17, 18 der Novelle von 1879 aufgehoben.

[3] Bezüglich der Advokaten, Rechtsanwälte durch die Rechtsanwaltsordnung vom 1. Juli 1878 (RGBl. S. 177) ersetzt. Wegen der Notare vgl. §§ 21, 22 der Novelle von 1879, §§ 7, 8 des Notariatsgesetzes v. 8. März 1880 (GS. S. 177) und Art. 93, 144 Nr. 6 des Ges. v. 21. Sept. 1899 (GS. S. 249).

[4] Gilt nur noch für Notare.

forderung die freiwillige Niederlegung des Amtes nicht ein, so beschließt [der Disziplinarsenat des Oberlandesgerichts], nachdem das im § 61 des die Richter betreffenden Gesetzes vom 7. Mai 1851 vorgeschriebene und geeigneten Falls das im § 62 daselbst zugelassene Verfahren stattgefunden hat, nach Anhörung der Staatsanwaltschaft endgültig darüber, ob der Fall der Niederlegung des Amtes vorliege.

Beschließt das Gericht, daß dieser Fall vorhanden sei, so kann der Justizminister die Stelle für erledigt erklären.

Fünfter Abschnitt.

Besondere Bestimmungen in Betreff der Gemeindebeamten.

78.[1]

Sechster Abschnitt.

Besondere Bestimmungen in Betreff der Beamten der Militairverwaltung.[2]

Siebenter Abschnitt.

Besondere Bestimmungen in Betreff der Entlassung von Beamten, welche auf Widerruf angestellt sind, der Referendarien u. s. w.

83. Beamte, welche auf Probe, auf Kündigung,

---

[1] Jetzt Gesetz über die allgemeine Landesverwaltung v. 30. Juli 1883 (GS. S. 195) §§ 14, 32, 39, 157, Kreisordnung §§ 68, 134, Provinzialordnung §§ 51, 98, Zuständigkeitsgesetz §§ 20, 36.

[2] Anstelle des Abschnitts treten die Bestimmungen des Reichsbeamtengesetzes und der dasselbe ergänzenden Gesetze.

oder sonst auf Widerruf angestellt sind, können ohne ein förmliches Disziplinarverfahren von der Behörde, welche ihre Anstellung verfügt hat, entlassen werden.

Dem auf Grund der Kündigung entlassenen Beamten ist in allen Fällen bis zum Ablaufe der Kündigung sein volles Diensteinkommen zu gewähren.

84. Referendarien oder Auskultatoren, welche durch eine tadelhafte Führung zu der Belassung im Dienste sich unwürdig zeigen, oder in ihrer Ausbildung nicht gehörig fortschreiten, können von dem vorgesetzten Minister, nach Anhörung der Vorsteher der Provinzial-Dienstbehörde, ohne weiteres Verfahren aus dem Dienste entlassen werden.

85. In Ansehung der Entlassung der Supernumerarien und der sonst zur Erlernung des Dienstes bei den Behörden beschäftigten Personen kommen die darauf bezüglichen besonderen Bestimmungen zur Anwendung.

86. In Bezug auf Kanzleidiener, Boten, Kastellane und andere in gleicher Kategorie stehende oder blos zu mechanischen Dienstleistungen bestimmte Diener, welche bei den obersten Verwaltungsbehörden oder in solchen Verwaltungszweigen angestellt sind, in welchen keine Provinzialdienstbehörden bestehen, entscheidet endgültig der Minister, nach Anhörung des Angeschuldigten und auf den Vortrag zweier Referenten, zu denen stets ein Justitiar oder, wenn ein solcher bei der Verwaltungsbehörde

nicht angestellt ist, ein Rath des Justizministeriums gehören muß.

Achter Abschnitt.

Verfügungen im Interesse des Dienstes, welche nicht Gegenstand eines Disziplinarverfahrens sind.

87. Die nachbenannten Verfügungen, welche im Interesse des Dienstes getroffen werden können, sind nicht Gegenstand des Disziplinarverfahrens, vorbehaltlich des im § 46 vorgesehenen Falles:

1. Versetzung in ein anderes Amt von nicht geringerem Range und etatsmäßigem Diensteinkommen,[1] mit Vergütung der reglementsmäßigen Umzugskosten.

   Als eine Verkürzung im Einkommen ist es nicht anzusehen, wenn die Gelegenheit zur Verwaltung von Nebenämtern entzogen wird, oder die Beziehung der für die Dienstunkosten besonders ausgesetzten Einnahmen mit diesen Unkosten selbst fortfällt.

   Landräthe, welche für einen bestimmten Kreis auf Grund ihrer Ansässigkeit und in Folge vorgängiger Wahl ernannt worden, können außer im Wege des Disziplinarverfahrens wider ihren Willen in ein anderes Amt nicht versetzt

---

[1] Wegen des Wohnungsgeldzuschusses vgl. § 3 des betreffenden Gesetzes Nr. 26.

werden, so lange die Erfordernisse erfüllt bleiben, durch welche ihre Wahl bedingt war.[1]

2. Einstweilige Versetzung in den Ruhestand mit Gewährung von Wartegeld nach Maaßgabe der Vorschriften der Verordnung vom 14. Juni und 24. Oktober 1848.[2]

Außer dem daselbst vorgesehenen Falle können durch Königliche Verfügung jederzeit die nachbenannten Beamten mit Gewährung des vorschriftsmäßigen Wartegeldes einstweilig in den Ruhestand versetzt werden:[3]

Unterstaatssekretaire,
Ministerialdirektoren,
Oberpräsidenten,
Regierungspräsidenten und Vicepräsidenten,
Militairintendanten,
Beamte der Staatsanwaltschaft bei den Gerichten,

---

[1] Kreisordnung §§ 74, 77.

[2] Das Wartegeld beträgt bei einem Gehaltsatze von 3600 Mark ab die Hälfte, aber nicht über 6000 Mark, bei niedrigerem Gehalte nach dem in den Verordnungen gegebenen Tarife.

Siehe ferner hierzu §§ 104, 105 des AusfGes. zum deutschen Gerichtsverfassungsgesetz, v. 24. April 1878 (GS. S. 338) und § 151 des Gesetzes über die allgemeine Landesverwaltung v. 30. Juli 1883 (GS. S. 195).

[3] Auch der Vorsitzende der Ansiedlungskommission für Westpreußen und Posen, § 1 des Gesetzes v. 21. Juni 1886 (GS. S. 159).

Vorsteher Königlicher Polizeibehörden,
Landräthe,
die Gesandten und andere diplomatische Agenten.

Wartegeldempfänger sollen bei Wiederbesetzung erledigter Stellen, für welche sie sich eignen, vorzugsweise berücksichtigt werden.

3. Gänzliche Versetzung in den Ruhestand mit Gewährung der vorschriftsmäßigen Pension, nach Maaßgabe der §§ 88 ff. dieses Gesetzes.

88. Ein Beamter, welcher durch Blindheit, Taubheit oder ein sonstiges körperliches Gebrechen oder wegen Schwäche seiner körperlichen oder geistigen Kräfte zu der Erfüllung seiner Amtspflichten dauernd unfähig ist, soll in den Ruhestand versetzt werden.

89. Sucht der Beamte in einem solchen Falle seine Versetzung in den Ruhestand nicht nach, so wird ihm oder seinem nöthigenfalls hierzu besonders zu bestellenden Kurator von der vorgesetzten Dienstbehörde unter Angabe des zu gewährenden Pensionsbetrages und der Gründe der Pensionirung eröffnet, daß der Fall seiner Versetzung in den Ruhestand vorliege.

90. Innerhalb sechs Wochen nach einer solchen Eröffnung (§ 89) kann der Beamte seine Einwendungen bei der vorgesetzten Dienstbehörde anbringen. Ist dies geschehen, so werden die Verhandlungen an den vorgesetzten Minister eingereicht, welcher, sofern nicht der Beamte von dem Könige ernannt ist, über die Pensionirung entscheidet.

Gegen diese Entscheidung steht dem Beamten der Rekurs an das Staatsministerium binnen einer Frist von vier Wochen nach Empfang der Entscheidung zu.[1]

Des Rekursrechtes ungeachtet kann der Beamte von dem Minister sofort der weiteren Amtsverwaltung vorläufig enthoben werden.

Ist der Beamte von dem Könige ernannt, so erfolgt die Entscheidung von dem Könige auf den Antrag des Staatsministeriums.

91. Dem Beamten, dessen Versetzung in den Ruhestand verfügt ist, wird das volle Gehalt noch bis zum Ablaufe desjenigen Vierteljahres fortgezahlt, welches auf den Monat folgt, in dem ihm die schließliche Verfügung über die erfolgte Versetzung in den Ruhestand mitgetheilt worden ist.

92. Wenn der Beamte gegen die ihm gemachte Eröffnung (§ 89) innerhalb sechs Wochen keine Einwendungen erhoben hat, so wird in derselben Weise verfügt, als wenn er seine Pensionirung selbst nachgesucht hätte.

Die Zahlung des vollen Gehaltes dauert bis zu dem im § 91 bestimmten Zeitpunkte.

93. Ist ein Beamter vor dem Zeitpunkte, mit welchem die Pensionsberechtigung für ihn eingetreten sein würde, dienstunfähig geworden, so kann er gegen seinen Willen nur unter Beobachtung derjenigen

---

[1] Vgl. § 30 des Pensionsgesetzes v. 27. März 1872 bzw. 31. März 1882.

Formen, welche für die Disziplinaruntersuchung vorgeschrieben sind, in den Ruhestand versetzt werden.

Wird es jedoch für angemessen befunden, dem Beamten eine Pension zu dem Betrage zu bewilligen, welcher ihm bei Erreichung des vorgedachten Zeitpunktes zustehen würde, so kann die Pensionirung desselben nach den Vorschriften der §§. 88 bis 92 erfolgen.

94. Die vorstehenden Bestimmungen über einstweilige und gänzliche Versetzung in den Ruhestand finden nur auf Beamte in unmittelbarem Staatsdienste Anwendung.[1]

95. In Bezug auf die mittelbaren Staatsdiener bleiben die wegen Pensionirung derselben bestehenden Vorschriften in Kraft.

Wenn jedoch mittelbare Staatsdiener vor dem Zeitpunkte, mit welchem eine Pensionsberechtigung für sie eingetreten sein würde, dienstunfähig geworden, so können auch sie gegen ihren Willen nur unter den für Beamte im unmittelbaren Staatsdienste vorgeschriebenen Formen (§ 93) in den Ruhestand versetzt werden.

96. Auf Universitätslehrer finden die Bestimmungen der §§ 87 bis 95 keine Anwendung.

Neunter Abschnitt.

Allgemeine und Uebergangs-Bestimmungen.

97. Die Vorschriften des gegenwärtigen Gesetzes

[1] Vgl. das Vorwort.

gelten auch in Ansehung der zur Disposition gestellten oder einstweilen in Ruhestand versetzten Beamten.

98. Rücksichtlich der Vergehen der Civilstandsbeamten im Bezirke des Rheinischen Appellationsgerichtshofes zu Köln gegen die Gesetze über den Civilstand wird an den Bestimmungen der bisherigen Gesetzgebung durch dieses Gesetz nichts geändert.[1]

99.[2]

100. Alle diesem Gesetze entgegenstehenden Bestimmungen sind aufgehoben. Dagegen wird durch dasselbe in der Befugniß der Aufsichtsbehörden, im Aufsichtswege Beschwerden Abhülfe zu verschaffen, oder Beamte zur Erfüllung ihrer Pflichten in einzelnen Sachen anzuhalten, und dabei Alles zu thun, wozu sie nach den bestehenden Gesetzen ermächtigt sind, nichts geändert.

101.[2]

102. Dieses Gesetz tritt an die Stelle der vorläufigen Verordnung vom 11. Juli 1849.

---

[1] Vgl. jetzt Reichsgesetz v. 6. Febr. 1875 (RGBl. S. 23) § 11.

[2] Erledigte Übergangsbestimmungen.

22.

Verordnung, betreffend die Ausdehnung der Preußischen Disziplinargesetze auf die Beamten in den neu erworbenen Landestheilen.[1]

Vom 23. September 1867. (GS. S. 1613.)

Wir Wilhelm 2c. 2c. verordnen für die durch das Gesetz vom 20. September 1866 (GS. S. 555) und die Gesetze vom 24. Dezember 1866 (GS. S. 875, 876) mit Unserer Monarchie vereinigten Landestheile, mit Ausnahme des vormaligen Amtsbezirks Meisenheim und der Enklave Kaulsdorf, auf den Antrag Unseres Staatsministeriums, was folgt:

Art. I. In den Eingangs bezeichneten Landestheilen treten:

1. das Gesetz vom 7. Mai 1851, betreffend die Dienstvergehen der Richter und die unfreiwillige Versetzung derselben auf eine andere Stelle oder in den Ruhestand (GS. S. 218), mit den im Gesetz vom 26. März 1856 (GS. S. 201) enthaltenen Aenderungen,
2. das Gesetz vom 21. Juli 1852, betreffend die Dienstvergehen der nicht richterlichen Beamten, die Versetzung derselben auf eine andere Stelle oder in den Ruhestand (GS. S. 465),

unter nachfolgenden besonderen Bestimmungen in Wirksamkeit.

---

[1] Wegen des Kreises Herzogtum Lauenburg vgl. Gesetz v. 25. Februar 1878 (GS. S. 97).

Art. II bis IV.[1]

Art. V. An die Stelle der §§ 60, 61, 65, 67, 68, 69, 72, 73, 74 und 77 des Gesetzes vom 21. Juli 1852 treten die nachstehenden mit gleichen Nummern bezeichneten Paragraphen:

60 bis 74.[2]

77.[3] Wenn ein Rechtsanwalt (Anwalt, Advokat), ein Notar oder ein Gerichtsvoigt durch Blindheit, Taubheit oder ein sonstiges körperliches Gebrechen, oder wegen Schwäche seiner körperlichen oder geistigen Kräfte zu der Erfüllung seiner Amtspflichten dauernd unfähig ist, so hat der Staatsanwalt bei dem Appellationsgerichte ihn oder seinen nöthigenfalls zu bestellenden Kurator schriftlich unter Angabe der Gründe zur Niederlegung des Amtes aufzufordern.

Tritt innerhalb sechs Wochen nach dieser Aufforderung die freiwillige Niederlegung des Amtes nicht ein, so beschließt [der Disziplinarsenat des Oberlandesgerichts], nachdem das im § 61 des die Richter betreffenden Gesetzes vom 7. Mai 1851 vorgeschriebene und geeigneten Falls das im § 62 daselbst zugelassene Verfahren stattgefunden hat, nach Anhörung der Staatsanwaltschaft endgültig darüber, ob der Fall der Niederlegung des Amtes vorliege.

---

[1] Durch die Novelle von 1879 und spätere Gesetze ersetzt.

[2] Ersetzt durch die Novelle von 1879.

[3] Die Verhältnisse der Rechtsanwälte werden jetzt lediglich durch die deutsche Rechtanwaltsordnung vom 1. Juli 1878 bestimmt. Wegen der Gerichtsvogte s. § 18 der Novelle von 1879.

Beschließt das Gericht, daß dieser Fall vorhanden sei, so kann der Justizminister die Stelle für erledigt erklären.

Art. VI. (ist durch Gesetz vom 14. November 1904 (GS. S. 283) aufgehoben.)

Art. VII.[1]

Art. VIII. An Gerichtskosten werden ..[2]

Für die Vertheidigung können Rechtsanwalte (Advokaten) liquidiren 2c.[3]

23.

Gesetz, betreffend die Abänderung von Bestimmungen der Disziplinargesetze.

Vom 9. April 1879. (GS. S. 345.)

§ 1. Die Bestimmungen

1. der Gesetze vom 7. Mai 1851 und 26. März 1856, betreffend die Dienstvergehen der Richter und die unfreiwillige Versetzung derselben auf eine andere Stelle oder in den Ruhestand,
2. des Gesetzes vom 21. Juli 1852, betreffend die Dienstvergehen der nicht richterlichen Beamten, die Versetzung derselben auf eine andere Stelle oder in den Ruhestand,
3. der Verordnung vom 23. September 1867, be-

---

[1] Betrifft Übergangsbestimmungen.

[2] Jetzt § 123 des Gerichtskostengesetzes (GS. S. 325 von 1899), wonach nur bare Auslagen erhoben werden.

[3] Laut Art. 2 des Gesetzes vom 27. September 1899 (GS. S. 325) findet die deutsche Gebührenordnung für Rechtsanwälte jetzt auch im Disziplinarverfahren Anwendung.

treffend die Ausdehnung der Preußischen Disziplinargesetze auf die Beamten in den neu erworbenen Landestheilen,

4. des § 5 des Gesetzes vom 27. März 1872, betreffend die Einrichtung und die Befugnisse der Ober-Rechnungskammer,

5. des § 34 Absatz 2 des Gesetzes vom 12. Mai 1873 über die kirchliche Disziplinargewalt und die Errichtung des Königlichen Gerichtshofes für kirchliche Angelegenheiten,

sowie die in diesen gesetzlichen Bestimmungen (Nr. 1 bis 5) in Bezug genommenen Gesetze werden durch die in den §§ 2 bis 26 enthaltenen Vorschriften abgeändert.

2. Im Sinne der im § 1 bezeichneten Gesetze gelten als Einzelrichter die Amtsgerichte, als Gerichte erster Instanz die Landgerichte.

3. An die Stelle der Appellationsgerichte treten die Oberlandesgerichte.

4. Zur Erledigung der Angelegenheiten, welche den Plenarversammlungen der Appellationsgerichte zugewiesen sind, werden bei den Oberlandesgerichten Disziplinarsenate gebildet. Dieselben entscheiden in der Besetzung von sieben Mitgliedern mit Einschluß des Vorsitzenden.

5. Vorsitzender des Disziplinarsenats ist der Präsident, im Falle der Verhinderung desselben der älteste Senatspräsident.

Zu den Mitgliedern gehört der älteste Senatspräsident oder, falls dieser den Vorsitz führt, der nächstälteste Senatspräsident.

6. Für den Disziplinarsenat des Oberlandesgerichts zu Berlin [1] gelten die nachstehenden besonderen Bestimmungen:

Vorsitzender des Disziplinarsenats ist der älteste Senatspräsident, im Falle der Verhinderung desselben der nächstälteste Senatspräsident.

Zu den Mitgliedern gehört der nächstälteste Senatspräsident oder, falls dieser den Vorsitz führt, der ihm dem Alter nach folgende Senatspräsident.

7. Die Bestimmung der aus der Zahl der Räthe erforderlichen Mitglieder des Disziplinarsenats erfolgt nach den für die Bildung der Civil- und Strafsenate geltenden Vorschriften.

8. An die Stelle des Obertribunals tritt der bei dem Oberlandesgericht zu Berlin [1] zu bildende große Disziplinarsenat.

Der große Disziplinarsenat entscheidet in der Besetzung von fünfzehn Mitgliedern mit Einschluß des Vorsitzenden.

9. Vorsitzender des großen Disziplinarsenats ist der Präsident, im Falle der Verhinderung desselben der älteste Senatspräsident.

Zu den Mitgliedern gehören die fünf ältesten Senatspräsidenten oder, falls der älteste Senatspräsident den Vorsitz führt, die fünf ihm dem Alter nach folgenden Senatspräsidenten.

---

[1] Führt die Bezeichnung „Kammergericht“.

Die Bestimmung der aus der Zahl der Räthe erforderlichen Mitglieder des großen Disziplinarsenats erfolgt nach den für die Bildung der Civil- und Strafsenate geltenden Vorschriften.

Ein Richter, welcher bei einer durch ein Rechtsmittel angefochtenen Entscheidung mitgewirkt hat, ist von der Mitwirkung bei der Entscheidung des großen Disziplinarsenats kraft Gesetzes ausgeschlossen.

10. Das Alter der Senatspräsidenten wird nach dem Dienstalter, bei gleichem Dienstalter nach dem Lebensalter bestimmt. Die Senatspräsidenten, welche im einzelnen Falle in Folge rechtlicher oder thatsächlicher Verhinderung an der Entscheidung nicht Theil nehmen können, kommen für die nach dem Alter sich ergebende Reihenfolge nicht in Betracht.

11. Die Angelegenheiten, welche den Abtheilungen und Senaten der Appellationsgerichte zugewiesen sind, werden von dem Senat des Oberlandesgerichts, in welchem der Präsident den Vorsitz führt, in der Besetzung von fünf Mitgliedern mit Einschluß des Vorsitzenden erledigt.

12. Hülfsrichter sind von der Theilnahme an den Entscheidungen über Disziplinarsachen ausgeschlossen.

Die mit der Voruntersuchung beauftragten Richter sind von der Theilnahme an den Entscheidungen, die Richter, welche an Beschlüssen außerhalb der Hauptverhandlung mitgewirkt haben, von der Theilnahme an dem Hauptverfahren nicht ausgeschlossen.

Die Entscheidungen erfolgen nach der absoluten Mehrheit der Stimmen.

13. Die richterlichen Mitglieder des Disziplinarhofes für nicht richterliche Beamte müssen dem Oberlandesgericht in Berlin [1] angehören.

14. Die Präsidenten der Oberlandesgerichte, des Revisionskollegiums für Landeskultursachen, [2] der Ober-Rechnungskammer und des Königlichen Gerichtshofes für kirchliche Angelegenheiten, [3] sowie der General-Auditeur der Armee, [3] unterliegen nicht der Vorschrift des § 13 des Gesetzes vom 7. Mai 1851.

Den bezeichneten Beamten kann die im § 58 des Gesetzes vom 7. Mai 1851 vorgeschriebene Eröffnung nur auf Grund eines Beschlusses des großen Disziplinarsenats gemacht werden.

15. Die in dem Gesetze vom 21. Juli 1852 hinsichtlich der Polizeianwälte getroffenen Bestimmungen finden auf die Amtsanwälte entsprechende Anwendung.

16. Die in den §§ 57, 58, 63 des Gesetzes vom 21. Juli 1852 hinsichtlich der Beamten der gerichtlichen Polizei getroffenen Bestimmungen finden auf die Beamten des Polizei- und Sicherheitsdienstes, welche Hülfsbeamte der Staatsanwaltschaft sind, mit der Maßgabe Anwendung, daß gegen solche Beamte, welche ihr Amt als Ehrenamt versehen,

---

[1] Jetzt Kammergericht.
[2] Jetzt Oberlandeskulturgericht.
[3] Besteht nicht mehr.

Ordnungsstrafen von den Justizbehörden nicht festgesetzt werden dürfen.

17. Die im Bezirke des Appellationsgerichtshofes zu Cöln hinsichtlich der Gerichtsschreiber geltenden besonderen Vorschriften werden aufgehoben.

Die Gerichtsschreiber gelten auch in dem gedachten Bezirke im Sinne des Gesetzes vom 21. Juli 1852 als Büreaubeamte bei den Gerichten.

18. Die Gerichtsvollzieher unterliegen denselben Bestimmungen wie die Gerichtsschreiber.

Die Befugniß zur Festsetzung von Ordnungsstrafen gegen Gerichtsvollzieher steht den in Gemäßheit des § 73 des Ausführungsgesetzes zum Deutschen Gerichtsverfassungsgesetze vom 24. April 1878 zu bestimmenden Aufsichtsbeamten zu.

Geldstrafen dürfen verhängt werden:

1. von den Aufsichtsbeamten bei den Oberlandesgerichten bis zum Betrage von neunzig Mark;
2. von den Aufsichtsbeamten bei den Landgerichten bis zum Betrage von dreißig Mark;
3. von den Aufsichtsbeamten bei den Amtsgerichten bis zum Betrage von neun Mark.

19. Hinsichtlich der Büreau- und Unterbeamten, welche unter der alleinigen Aufsicht der Staatsanwaltschaft stehen, finden die hinsichtlich der Büreau- und Unterbeamten bei den Gerichten in dem Gesetze vom 21. Juli 1852 getroffenen Bestimmungen mit der Maßgabe Anwendung, daß die Befugniß zur Festsetzung von Ordnungsstrafen den Beamten der

Staatsanwaltschaft zusteht, Geldstrafen jedoch nur verhängt werden dürfen:

1. von dem Oberstaatsanwalt bis zum Betrage von neunzig Mark;
2. von dem Ersten Staatsanwalt bis zum Betrage von dreißig Mark.

20. Beschwerden der in den §§ 17 bis 19 bezeichneten Beamten gegen die Festsetzung von Ordnungsstrafen werden im Aufsichtswege erledigt.

21.[1] In dem Geltungsbereiche des Gesetzes vom 30. April 1847 über die Bildung eines Ehrenraths und im Kreise Herzogthum Lauenburg ist hinsichtlich der Notare der Disziplinarsenat des Oberlandesgerichts (§ 4) das zuständige Disziplinargericht erster Instanz. Auf das Disziplinarverfahren und die vorläufige Enthebung vom Amte finden mit den aus dem gegenwärtigen Gesetze sich ergebenden Abänderungen die Vorschriften des zweiten und dritten Abschnitts des Gesetzes vom 7. Mai 1851 Anwendung.

22. Wird gegen einen Notar,[2] welcher zugleich Rechtsanwalt ist, auf Ausschließung von der Rechtsanwaltschaft rechtskräftig erkannt, so erlischt dessen Amt als Notar von selbst.

23. Richterlichen Beamten gegenüber liegt in dem Recht der Aufsicht (§ 78 des Ausführungsgesetzes

---

[1] Gilt jetzt für die ganze Monarchie, Art. 93 des Ges. v. 21. September 1899 (GS. S. 268).

[2] Solchen gegenüber finden auch die §§ 23, 24 Anwendung, vgl. Art. 93 des Ges. v. 21. September 1899 (GS. S. 268).

zum Deutschen Gerichtsverfassungsgesetze vom 24. April 1878) die Befugniß, die ordnungswidrige Ausführung eines Amtsgeschäfts zu rügen und zu dessen rechtzeitiger und sachgemäßer Erledigung zu ermahnen.

Beantragt der richterliche Beamte die Einleitung der Disziplinaruntersuchung, weil ihm eine Ordnungswidrigkeit oder Säumniß in der Erledigung eines Amtsgeschäfts nicht zur Last falle, so ist diesem Antrage stattzugeben. In dem Endurtheil ist zugleich über die Aufrechterhaltung oder Aufhebung der im Aufsichtswege getroffenen Maßregel zu erkennen. Es kann in diesem Verfahren im Falle der Feststellung eines Disziplinarvergehens auch auf Disziplinarstrafe erkannt werden.

Hat der Beamte die Beschwerde auf Grund des § 85 des Ausführungsgesetzes zum Deutschen Gerichtsverfassungsgesetze eingelegt, so findet der Antrag auf Einleitung der Disziplinaruntersuchung nicht statt. Ebenso schließt der Antrag auf Einleitung der Disziplinaruntersuchung die Beschwerde aus.

24. Die Vorschriften des § 23 Absatz 2 und 3 finden entsprechende Anwendung, wenn auf Grund des § 13 des Gesetzes vom 7. Mai 1851 eine Mahnung erlassen ist.

25. Auf richterliche Beamte, welche nicht unter der Aufsicht der Justizverwaltung oder nicht ausschließlich unter der Aufsicht der Justizverwaltung stehen, finden die Bestimmungen der §§ 23, 24 nicht Anwendung.

26. Die Vorschriften der im § 1 bezeichneten Gesetze finden mit den aus dem gegenwärtigen Gesetze sich ergebenden Abänderungen auf die in Gemäßheit des Ausführungsgesetzes zum Deutschen Gerichtsverfassungsgesetze vom 24. April 1878 zur Verfügung des Justizministers verbleibenden und einstweilig in den Ruhestand tretenden Beamten entsprechende Anwendung.

27. Die Bestimmungen der im § 1 Nr. 1 bezeichneten Gesetze kommen mit den aus dem gegenwärtigen Gesetze sich ergebenden Abänderungen auch im Kreise Herzogthum Lauenburg zur Anwendung.

28.[1] Soweit nach den bestehenden Vorschriften für die Festsetzung von Stempelstrafen gegen Beamte eine Justizbehörde als vorgesetzte Dienst- oder Disziplinarbehörde zuständig ist, geht diese Zuständigkeit auf den Präsidenten des Landgerichts über.

Ueber den Rekurs entscheidet unmittelbar der Justizminister.

29. Die Bestimmungen dieses Gesetzes finden auch auf die vor dem Inkrafttreten desselben anhängig gewordenen Angelegenheiten Anwendung.

30. Dieses Gesetz tritt gleichzeitig mit dem Deutschen Gerichtsverfassungsgesetze in Kraft.

---

[1] Ersetzt durch § 60 des Ges. v. 26. Juli 1897 (GS. S. 237) bzw. § 19 des Stempelsteuergesetzes v. 31. Juli 1895 (GS. S. 413).

V. Strafrechtliche Vorschriften.

24.

Strafgesetzbuch für das Deutsche Reich.

(RGBl. von 1876 S. 39.)

Achtundzwanzigster Abschnitt.

Verbrechen und Vergehen im Amte.

331. Ein Beamter, welcher für eine in sein Amt einschlagende, an sich nicht pflichtwidrige Handlung Geschenke oder andere Vortheile annimmt, fordert oder sich versprechen läßt, wird mit Geldstrafe bis zu dreihundert Mark oder mit Gefängniß bis zu sechs Monaten bestraft.

332. Ein Beamter, welcher für eine Handlung, die eine Verletzung einer Amts- oder Dienstpflicht enthält, Geschenke oder andere Vortheile annimmt, fordert oder sich versprechen läßt, wird wegen Bestechung mit Zuchthaus bis zu fünf Jahren bestraft.

Sind mildernde Umstände vorhanden, so tritt Gefängnißstrafe ein.

333. Wer einem Beamten oder einem Mitgliede der bewaffneten Macht Geschenke oder andere Vortheile anbietet, verspricht oder gewährt, um ihn zu einer Handlung, die eine Verletzung einer Amts- oder Dienstpflicht enthält, zu bestimmen, wird wegen Bestechung mit Gefängniß bestraft; auch kann auf Verlust der bürgerlichen Ehrenrechte erkannt werden.

Sind mildernde Umstände vorhanden, so kann

auf Geldstrafe bis zu eintausendfünfhundert Mark erkannt werden.

334. Ein Richter, Schiedsrichter, Geschworener oder Schöffe, welcher Geschenke oder andere Vortheile fordert, annimmt oder sich versprechen läßt, um eine Rechtssache, deren Leitung oder Entscheidung ihm obliegt, zu Gunsten oder zum Nachtheile eines Betheiligten zu leiten oder zu entscheiden, wird mit Zuchthaus bestraft.

Derjenige, welcher einem Richter, Schiedsrichter, Geschworenen oder Schöffen zu dem vorbezeichneten Zwecke Geschenke oder andere Vortheile anbietet, verspricht oder gewährt, wird mit Zuchthaus bestraft. Sind mildernde Umstände vorhanden, so tritt Gefängnißstrafe ein.

335. In den Fällen der §§ 331 bis 334 ist im Urtheile das Empfangene oder der Werth desselben für dem Staate verfallen zu erklären.

336. Ein Beamter oder Schiedsrichter, welcher sich bei der Leitung oder Entscheidung einer Rechtssache vorsätzlich zu Gunsten oder zum Nachteile einer Partei einer Beugung des Rechtes schuldig macht, wird mit Zuchthaus bis zu fünf Jahren bestraft.

338.[1] Ein Religionsdiener oder Personenstandsbeamter, welcher, wissend, daß eine Person verhei-

[1] § 337 ist durch den § 67 des Gesetzes über die Beurkundung des Personenstandes und die Eheschließung v. 6. Februar 1875 (RGBl. S. 23) ersetzt.

rathet ist, eine neue Ehe derselben schließt, wird mit Zuchthaus bis zu fünf Jahren bestraft.

339. Ein Beamter, welcher durch Mißbrauch seiner Amtsgewalt oder durch Androhung eines bestimmten Mißbrauchs derselben Jemand zu einer Handlung, Duldung oder Unterlassung widerrechtlich nöthigt, wird mit Gefängnis bestraft.

Der Versuch ist strafbar.

In den Fällen der §§ 106, 107, 167 u. 253[1] tritt die daselbst angedrohte Strafe ein, wenn die Handlung von einem Beamten, wenn auch ohne Gewalt oder Drohung, aber durch Mißbrauch seiner Amtsgewalt oder Androhung eines bestimmten Mißbrauchs derselben begangen ist.

340. Ein Beamter, welcher in Ausübung oder in Veranlassung der Ausübung seines Amtes vorsätzlich eine Körperverletzung begeht oder begehen läßt, wird mit Gefängniß nicht unter drei Monaten bestraft. Sind mildernde Umstände vorhanden, so kann die Strafe bis auf Einen Tag Gefängniß ermäßigt oder auf Geldstrafe bis zu neunhundert Mark erkannt werden.

Ist die Körperverletzung eine schwere, so ist auf Zuchthaus nicht unter zwei Jahren zu erkennen. Sind mildernde Umstände vorhanden, so tritt Gefängnißstrafe nicht unter drei Monaten ein.

[1] Die Paragraphen betreffen: Verhinderung in der Ausübung staatsbürgerlicher Rechte, der Verrichtung des Gottesdienstes bzw. Erpressung.

341. Ein Beamter, welcher vorsätzlich, ohne hierzu berechtigt zu sein, eine Verhaftung oder vorläufige Ergreifung und Festnahme oder Zwangsgestellung vornimmt oder vornehmen läßt, oder die Dauer einer Freiheitsentziehung verlängert, wird nach Vorschrift des § 239, jedoch mindestens mit Gefängniß von drei Monaten bestraft.

342. Ein Beamter, der in Ausübung oder in Veranlassung der Ausübung seines Amtes einen Hausfriedensbruch (§ 123) begeht, wird mit Gefängniß bis zu Einem Jahre oder mit Geldstrafe bis zu neunhundert Mark bestraft.

343. Ein Beamter, welcher in einer Untersuchung Zwangsmittel anwendet oder anwenden läßt, um Geständnisse oder Aussagen zu erpressen, wird mit Zuchthaus bis zu fünf Jahren bestraft.

344. Ein Beamter, welcher vorsätzlich zum Nachtheile einer Person, deren Unschuld ihm bekannt ist, die Eröffnung oder Fortsetzung einer Untersuchung beantragt oder beschließt, wird mit Zuchthaus bestraft.

345. Gleiche Strafe trifft den Beamten, welcher vorsätzlich eine Strafe vollstrecken läßt, von der er weiß, daß sie überhaupt nicht oder nicht der Art oder dem Maße nach vollstreckt werden darf.

Ist die Handlung aus Fahrlässigkeit begangen, so tritt Gefängnißstrafe oder Festungshaft bis zu Einem Jahre oder Geldstrafe bis zu neunhundert Mark ein.

346. Ein Beamter, welcher vermöge seines Amtes bei Ausübung der Strafgewalt oder bei Vollstreckung der Strafe mitzuwirken hat, wird mit Zuchthaus bis zu fünf Jahren bestraft, wenn er in der Absicht, Jemand der gesetzlichen Strafe rechtswidrig zu entziehen, die Verfolgung einer strafbaren Handlung unterläßt, oder eine Handlung begeht, welche geeignet ist, eine Freisprechung oder eine dem Gesetze nicht entsprechende Bestrafung zu bewirken, oder die Vollstreckung der ausgesprochenen Strafe nicht betreibt, oder eine gelindere als die erkannte Strafe zur Vollstreckung bringt.

Sind mildernde Umstände vorhanden, so tritt Gefängnißstrafe nicht unter Einem Monat ein.

347. Ein Beamter, welcher einen Gefangenen, dessen Beaufsichtigung, Begleitung oder Bewachung ihm anvertraut ist, vorsätzlich entweichen läßt oder dessen Befreiung vorsätzlich bewirkt oder befördert, wird mit Zuchthaus bis zu fünf Jahren bestraft. Sind mildernde Umstände vorhanden, so tritt Gefängnißstrafe nicht unter Einem Monat ein.

Ist die Entweichung durch Fahrlässigkeit befördert oder erleichtert worden, so tritt Gefängnißstrafe bis zu sechs Monaten oder Geldstrafe bis zu sechshundert Mark ein.

348. Ein Beamter, welcher, zur Aufnahme öffentlicher Urkunden befugt, innerhalb seiner Zuständigkeit vorsätzlich eine rechtlich erhebliche Thatsache falsch beurkundet oder in öffentliche Register oder Bücher falsch einträgt, wird mit Gefängniß nicht unter Einem Monat bestraft.

Dieselbe Strafe trifft einen Beamten, welcher eine ihm amtlich anvertraute oder zugängliche Urkunde vorsätzlich vernichtet, bei Seite schafft, beschädigt oder verfälscht.

349. Wird eine der im § 348 bezeichneten Handlungen in der Absicht begangen, sich oder einem Anderen einen Vermögensvortheil zu verschaffen oder einem Anderen Schaden zuzufügen, so ist auf Zuchthaus bis zu zehn Jahren und zugleich auf Geldstrafe von einhundertfunfzig bis zu dreitausend Mark zu erkennen.

350. Ein Beamter, welcher Gelder oder andere Sachen, die er in amtlicher Eigenschaft empfangen oder in Gewahrsam hat, unterschlägt, wird mit Gefängniß nicht unter drei Monaten bestraft; auch kann auf Verlust der bürgerlichen Ehrenrechte erkannt werden.

Der Versuch ist strafbar.

351. Hat der Beamte in Beziehung auf die Unterschlagung die zur Eintragung oder Kontrole der Einnahmen oder Ausgaben bestimmten Rechnungen, Register oder Bücher unrichtig geführt, verfälscht oder unterdrückt, oder unrichtige Abschlüsse oder Auszüge aus diesen Rechnungen, Registern oder Büchern, oder unrichtige Belege zu denselben vorgelegt, oder ist in Beziehung auf die Unterschlagung auf Fässern, Beuteln oder Packeten der Geldinhalt fälschlich bezeichnet, so ist auf Zuchthaus bis zu zehn Jahren zu erkennen.

Sind mildernde Umstände vorhanden, so tritt Gefängnißstrafe nicht unter sechs Monaten ein.

352. Ein Beamter, Advokat, Anwalt oder sonstiger Rechtsbeistand, welcher Gebühren oder andere Vergütungen für amtliche Verrichtungen zu seinem Vortheile zu erheben hat, wird, wenn er Gebühren oder Vergütungen erhebt, von denen er weiß, daß der Zahlende sie überhaupt nicht oder nur in geringerem Betrage verschuldet, mit Geldstrafe bis zu dreihundert Mark oder mit Gefängniß bis zu Einem Jahre bestraft.

Der Versuch ist strafbar.

353. Ein Beamter, welcher Steuern, Gebühren oder andere Abgaben für eine öffentliche Kasse zu erheben hat, wird, wenn er Abgaben, von denen er weiß, daß der Zahlende sie überhaupt nicht oder nur in geringerem Betrage verschuldet, erhebt, und das rechtswidrig Erhobene ganz oder zum Theil nicht zur Kasse bringt, mit Gefängniß nicht unter drei Monaten bestraft.

Gleiche Strafe trifft den Beamten, welcher bei amtlichen Ausgaben an Geld oder Naturalien dem Empfänger vorsätzlich und rechtswidrig Abzüge macht und die Ausgaben als vollständig geleistet in Rechnung stellt.

353 a. Ein Beamter im Dienste des Auswärtigen Amtes des Deutschen Reichs, welcher die Amtsverschwiegenheit dadurch verletzt, daß er ihm amtlich

anvertraute oder zugängliche Schriftstücke oder eine ihm von seinem Vorgesetzten ertheilte Anweisung oder deren Inhalt Anderen widerrechtlich mittheilt, wird, sofern nicht nach anderen Bestimmungen eine schwerere Strafe verwirkt ist, mit Gefängniß oder mit Geldstrafe bis zu fünftausend Mark bestraft.

Gleiche Strafe trifft einen mit einer auswärtigen Mission betrauten oder bei einer solchen beschäftigten Beamten, welcher den ihm durch seinen Vorgesetzten amtlich ertheilten Anweisungen vorsätzlich zuwiderhandelt, oder welcher in der Absicht, seinen Vorgesetzten in dessen amtlichen Handlungen irre zu leiten, demselben erdichtete oder entstellte Thatsachen berichtet.

354. 355.[1]

356. Ein Advokat, Anwalt oder ein anderer Rechtsbeistand, welcher bei den ihm vermöge seiner amtlichen Eigenschaft anvertrauten Angelegenheiten in derselben Rechtssache beiden Parteien durch Rath oder Beistand pflichtwidrig dient, wird mit Gefängniß nicht unter drei Monaten bestraft.

Handelt derselbe im Einverständnisse mit der Gegenpartei zum Nachtheile seiner Partei, so tritt Zuchthausstrafe bis zu fünf Jahren ein.

357. Ein Amtsvorgesetzter, welcher seine Untergebenen zu einer strafbaren Handlung im Amte vorsätzlich verleitet oder zu verleiten unternimmt, oder eine solche strafbare Handlung seiner Untergebenen

[1] Betreffen Post- und Telegraphenbeamte.

wissentlich geschehen läßt, hat die auf diese strafbare Handlung angedrohte Strafe verwirkt.

Dieselbe Bestimmung findet auf einen Beamten Anwendung, welchem eine Aufsicht oder Kontrole über die Amtsgeschäfte eines anderen Beamten übertragen ist, sofern die von diesem letzteren Beamten begangene strafbare Handlung die zur Aufsicht oder Kontrole gehörenden Geschäfte betrifft.

358. Neben der nach Vorschrift der §§ 331, 339 bis 341, 352 bis 355 und 357 erkannten Gefängnißstrafe kann auf Verlust der Fähigkeit zur Bekleidung öffentlicher Aemter auf die Dauer von Einem bis zu fünf Jahren erkannt werden.

359. Unter Beamten im Sinne dieses Strafgesetzes sind zu verstehen alle im Dienste des Reichs oder in unmittelbarem oder mittelbarem Dienste eines Bundesstaats auf Lebenszeit, auf Zeit oder nur vorläufig angestellte Personen, ohne Unterschied, ob sie einen Diensteid geleistet haben oder nicht, ingleichen Notare, nicht aber Advokaten und Anwalte.

Ferner:

174. Mit Zuchthaus bis zu fünf Jahren werden bestraft:

. . . .

2. Beamte, die mit Personen, gegen welche sie eine Untersuchung zu führen haben oder welche ihrer Obhut anvertraut sind, unzüchtige Handlungen vornehmen;
3. Beamte, Aerzte oder andere Medizinalpersonen, welche in Gefängnissen oder in öffentlichen, zur

Pflege von Kranken, Armen oder anderen Hülflosen bestimmten Anstalten beschäftigt oder angestellt sind, wenn sie mit den in das Gefängniß oder in die Anstalt aufgenommenen Personen unzüchtige Handlungen vornehmen.

Sind mildernde Umstände vorhanden, so tritt Gefängnißstrafe nicht unter sechs Monaten ein.

VI. Einkommensverhältnisse.

25.

Kabinetsorder vom 15. November 1819, daß auf die, nach dem Tode eines Beamten geschehenen allgemeinen Gnadenbewilligungen die Gläubiger keine Ansprüche haben sollen.

(GS. 1820 S. 45.)

Auf den Bericht des Staatsministerii vom 3. d. M. setze Ich zur Deklaration Meiner Order vom 27sten April 1816 [1] hierdurch fest: daß nur dasjenige, was die Hinterbliebenen eines Beamten, der bemerkten Order gemäß, an Besoldung außer dem Sterbe-Quartal erhalten, für dieselben Gnadenbewilligung ist, — daß auf Letztere kein Gläubiger des Verstorbenen Anspruch hat, [2] — daß solche der Regel

---

[1] Unten Nr. 34.

[2] Siehe § 850 Nr. 8 der Zivilprozeßordnung. Unten Nr. 30.

nach nur der Wittwe, den Kindern und Enkeln, ohne Rücksicht, ob sie dessen Erben sind oder nicht, zusteht; daß aber den Ministern, als Departements-Chefs, freigelassen ist, im Falle der Erblasser der Ernährer armer Eltern, Geschwister, Geschwisterkinder oder Pflegekinder gewesen ist, ausnahmsweise denselben das Gnadengehalt anzuweisen und die Minister jedenfalls befugt sein sollen, die Vertheilung desselben unter die Hinterbliebenen zu reguliren und dessen Verwendung zu bestimmen. Zugleich genehmige Ich, daß diese Bestimmungen wegen des Gnadengehalts auch auf den Gnadenmonat, welcher den Hinterbliebenen der Pensionairs außer dem Sterbemonat[1] bewilligt ist, angewendet werden.

26.

Gesetz, betreffend die Zahlung der Beamtengehälter und Bestimmungen über das Gnadenquartal. Vom 6. Februar 1881.

(GS. S. 17.)

§ 1. Die unmittelbaren Staatsbeamten,[2] welche eine etatsmäßige Stelle bekleiden, erhalten ihre Besoldung aus der Staatskasse vierteljährlich im Voraus.

2. Die Hinterbliebenen der im § 1 bezeichneten Beamten erhalten für das auf den Sterbemonat folgende Vierteljahr noch die volle Besoldung des

---

[1] § 31 des Pensionsgesetzes v. 27. März 1872.

[2] Über den Begriff „unmittelbare Staatsbeamten“ vgl. Vorwort.

Verstorbenen (Gnadenquartal) nach Maßgabe der Kabinetsorder vom 15. November 1819 (GS. 1820 S. 45), auch wenn derselbe nicht in kollegialischen Verhältnissen gestanden hat.[1]

3. Hat ein verstorbener Beamter (§ 2) eine Wittwe oder eheliche Nachkommen nicht hinterlassen, so kann mit Genehmigung des Verwaltungschefs das Gnadenquartal außer den in der Kabinetsorder vom 15. November 1819 erwähnten auch solchen Personen, welche die Kosten der letzten Krankheit und der Beerdigung bestritten haben, für den Fall gewährt werden, daß der Nachlaß zu deren Deckung nicht ausreicht.

4. Die Bestimmungen dieses Gesetzes finden auch auf die zur Disposition stehenden Beamten und Wartegeldempfänger, sowie auf deren Hinterbliebene Anwendung.

5. Dieses Gesetz tritt mit dem 1. April 1881 in Kraft.

27.

Gesetz, betreffend die Gewährung von Wohnungsgeldzuschüssen an die unmittelbaren Staatsbeamten. Vom 12. Mai 1873.

(GS. S. 209.)

§ 1. Den unmittelbaren Staatsbeamten, welche eine etatsmäßige Stelle bekleiden und ihre Besoldung

[1] Auch den Hinterbliebenen der nicht etatsmäßigen Beamten, welche nur als Hilfsarbeiter oder Hilfsschreiber fixierte Remuneration beziehen, sind die Sterbe- und Gnadengehälter bewilligt durch Allerh. Order v. 18. April 1855 (JMBl. S. 166).

aus der Staatskasse beziehen, ferner den Lehrern und Beamten der Universitäten und derjenigen Unterrichts- und sonstigen Anstalten, bei welchen die Gewährung der erforderlichen Unterhaltungszuschüsse ausschließlich dem Staate obliegt, wird vom 1. Januar 1873 ab ein Wohnungsgeldzuschuß nach Maßgabe des diesem Gesetze beiliegenden Tarifs gewährt.

Der Wohnungsgeldzuschuß wird auch denjenigen unmittelbaren Staatsbeamten gewährt, welche bei der Umgestaltung der Behörden in den neuen Provinzen etatsmäßige Stellen verloren haben und zur Zeit noch außeretatsmäßig im unmittelbaren Staatsdienst beschäftigt werden.

2. Für den zu gewährenden Wohnungsgeldzuschuß ist der mit der Amtsstellung verbundene Dienstrang,[1] nicht der einem Beamten etwa persönlich beigelegte höhere Rang, maßgebend.

Beamte, welche nach ihrer Dienststellung zwischen den Abtheilungen des Tarifs rangiren, werden der entsprechenden niederen Abtheilung zugerechnet.

Für solche Beamte und Lehrer, welchen ein bestimmter Dienstrang nicht beigelegt ist, wird durch den Ressortchef im Einvernehmen mit dem Finanzminister festgesetzt, welcher der im Tarif bestimmten Beamtenklassen dieselben beizuzählen sind.

---

[1] Vgl. Note [1] auf Seite 5, ferner §§ 1 und 10 des Gesetzes betr. die Tagegelder und Reisekosten v. 24. März 1873 und § 9 des Umzugskostengesetzes v. 24. Februar 1877 (beide hinten abgedruckt).

Die Stellung der Orte in den verschiedenen Servisklassen bestimmt sich nach der Klasseneintheilung, wie sie in Gemäßheit des § 3 des Reichsgesetzes vom 25. Juni 1868, betreffend die Quartierleistung für die bewaffnete Macht während des Friedenszustandes (BGBl. S. 523), jeweilig in Geltung ist.[1]

Bei Veränderungen in der Klasseneintheilung kommt, von dem auf die Publikation der Veränderung folgenden Kalenderquartal an, der danach sich ergebende veränderte Satz des Wohnungsgeldzuschusses in Anwendung.

3. Bei Versetzungen erlischt der Anspruch auf den dem bisherigen amtlichen Wohnorte entsprechenden Satz des Wohnungsgeldzuschusses mit dem Zeitpunkte, zu welchem der Bezug der Besoldung aus der bisherigen Dienststelle aufhört.

Die bei einer Versetzung an einen Ort einer geringeren Servisklasse eintretende Verminderung des Wohnungsgeldzuschusses wird als eine Verkürzung des Diensteinkommens (§ 53 des Gesetzes, betreffend die Dienstvergehen der Richter und die unfreiwillige Versetzung derselben auf eine andere Stelle oder in den Ruhestand, vom 7. Mai 1851, GS. S. 218, und § 87 des Gesetzes, betreffend die Dienstvergehen der nicht richterlichen Beamten, vom 21. Juli 1852, GS. S. 465) nicht angesehen.

---

[1] Reichsgesetz, betr. den Servistarif und die Klasseneinteilung der Orte, v. 6. Juli 1904 (RGBl. S. 272) und Gesetz v. 19. Dezember 1904 (GS. S. 287).

4. Der Wohnungsgeldzuschuß wird nicht gewährt an Beamte, welche Dienstwohnungen innehaben, oder an Statt derselben Miethsentschädigungen beziehen.

Die Miethsvergütigungen, welche Beamte für die ihnen überlassenen Dienstwohnungen zu entrichten haben, werden von dem im § 1 bestimmten Zeitpunkte ab um den Betrag des Wohnungsgeldzuschusses gekürzt.

5. Beamte, welche mehrere Aemter bekleiden, erhalten den Wohnungsgeldzuschuß nur Ein Mal und zwar für dasjenige Amt, welches auf den höchsten Satz Anspruch giebt.

6. Bei der Feststellung der Umzugskostenvergütungen (§ 4 des Allerhöchsten Erlasses vom 26. März 1855, GS. S. 190) bleibt der Wohnungsgeldzuschuß außer Ansatz.[1]

Bei Bemessung der Pension (§ 10 des Gesetzes, betreffend die Pensionirung der unmittelbaren Staatsbeamten ꝛc., vom 27. März 1872, GS. S. 268) wird der Durchschnittssatz des Wohnungsgeldzuschusses für die Servisklassen I bis V[2] in Anrechnung gebracht. Dieser Satz gilt auch für diejenigen Beamten, welche eine Dienstwohnung beziehungsweise eine Miethsentschädigung erhalten.

---

[1] Absatz 1 durch das Umzugskostengesetz v. 24. Februar 1877 ersetzt.

[2] Zufolge abändernden Gesetzes v. 15. April 1903 (GS. S. 121) der Durchschnittssatz der Servisklassen I bis IV.

Im Uebrigen gilt der Wohnungsgeldzuschuß in allen Beziehungen mit der im § 3 Abs. 2 bestimmten Maßgabe als ein Theil der Besoldung.

7. Dieses Gesetz findet keine Anwendung auf die gesandtschaftlichen Beamten, sowie auf Beamte in Dienststellungen, wie sie im § 5 des allegirten Gesetzes vom 27. März 1872 bezeichnet sind.

Tarif.[1]

Bezeichnung der Beamten.	Jahresbetrag des Wohnungsgeldzuschusses in den Orten der Servisklasse:				
	Berlin ℳ	I. ℳ	II. ℳ	III. ℳ	IV. ℳ
I. Beamte der 1. Rangklasse	1500	1200	900	720	600
II. Beamte der 2. und 3. Rangklasse	1200	900	720	600	540
III. Beamte der 4. und 5. Rangklasse	900	660	540	480	420
IV. Beamte, welche zwischen den Beamten der 5. Rangklasse und den Subalternen der Provinzialbehörden rangiren, Subalternbeamte zweiter Klasse bei den Centralbehörden, Subalternbeamte bei den Provinzial- und Lokalbehörden	540	432	360	300	216
V. Unterbeamte	240	180	144	108	72

[1] Die Talerbeträge sind in Mark umgerechnet. Die bisherige Servisklasse V ist zufolge Gesetzes v. 15. April 1903 (GS. S. 121) weggefallen.

Von dem Wohnungsgeldzuschusse werden bei der Pensionierung zugrunde gelegt: für die Beamten der 1. Rangklasse

28.

Allerhöchster Erlaß, betreffend den Gehalts-Abzug bei Beurlaubung von Beamten. Vom 15. Juni 1863.

(MinBl. f. d. i. V. S. 137, JustMinBl. S. 191).

Auf den Bericht des Staatsministeriums vom 31. vor. Mts. will ich hiermit genehmigen, daß . . . bei Beurlaubungen von Civilbeamten und nicht Servis beziehenden Militairbeamten fortan folgende Grundsätze befolgt werden:

1. Bei der Beurlaubung eines Beamten wird auf die ersten $1^1/_2$ Monate des Urlaubs das Gehalt unverkürzt gezahlt, für weitere $4^1/_2$ Monate tritt ein Gehaltsabzug zum Betrage der Hälfte des Gehalts des betreffenden Beamten ein, während bei fernerem Urlaube kein Gehalt zu gewähren ist.

2. Bei Beurlaubungen wegen Krankheit und zur Herstellung der Gesundheit findet auch für die über $1^1/_2$ Monate hinausgehende Zeit der unumgänglich nothwendigen Abwesenheit des Beamten kein Abzug vom Gehalte statt.

---

855 ℳ, für die Beamten der 2. und 3. Rangklasse 690 ℳ, für die Beamten der 4. und 5. Rangklasse 525 ℳ, für die übrigen Beamten, mit Ausschluß der Unterbeamten 327 ℳ, und für die Unterbeamten 126 ℳ.

29.

Gesetz, betreffend die Erweiterung des Rechtsweges. Vom 24. Mai 1861.[1] (Auszug.) (GS. S. 241.)

Erster Abschnitt.

In Beziehung auf die Ansprüche der Staatsbeamten wegen ihrer Diensteinkünfte.

1. Ueber vermögensrechtliche Ansprüche[2] der Staatsbeamten aus ihrem Dienstverhältniß, insbesondere über Ansprüche[3] auf Besoldung, Pension oder Wartegeld, findet mit folgenden Maaßgaben der Rechtsweg statt.

2. Die Entscheidung des Verwaltungschefs muß mit Ausnahme des Falles, wo ein Beamter durch eine von der Ober-Rechnungskammer getroffene Festsetzung verkürzt zu sein glaubt, der Klage vorhergehen, und letztere sodann bei Verlust des Klagerechts innerhalb sechs Monaten, nachdem dem Beamten die Entscheidung des Verwaltungschefs oder die Fest-

---

[1] Der erste Abschnitt dieses Gesetzes gilt zufolge der Verordnung v. 16. September 1867 (GS. S. 1515) mit der dort in den Art. V und VI enthaltenen Maßgabe auch in den 1866 erworbenen Landesteilen und unter denselben Modalitäten nach § 3 des Gesetzes v. 25. Februar 1878 (GS. S. 97) auch in dem Kreis Herzogtum Lauenburg.

[2] Für diese sind ohne Rücksicht auf den Wert des Streitgegenstandes die Landgerichte ausschließlich zuständig. § 39 des Ausführungsgesetzes zum deutschen Gerichtsverfassungsgesetz v. 24. April 1878 (GS. S. 230).

[3] Solche Ansprüche verjähren gemäß § 197 BGB. in vier Jahren.

setzung der Ober-Rechnungskammer bekannt gemacht worden, angebracht werden.[1]

3. Die Klage ist gegen diejenige Provinzialbehörde des betreffenden Verwaltungsressorts und in Ermangelung einer solchen, sowie Seitens der Justizbeamten im Bezirke des Appellationsgerichtshofes zu Cöln, gegen diejenige Bezirksregierung zu richten, in deren Amtsbezirk der Beamte zu der Zeit, wo der streitige Anspruch entstanden ist, vermöge seines dienstlichen Wohnsitzes seinen persönlichen Gerichtsstand gehabt hat. Der Stadtbezirk von Berlin[2] wird in dieser Beziehung zum Bezirk der Regierung zu Potsdam gerechnet.[3]

Für Prozesse von Beamten in den Hohenzollernschen Landen ist die Regierung in Sigmaringen zur Vertretung des Fiskus befugt.

4.[4]

5. Die Entscheidungen der Disziplinar- und Verwaltungsbehörden darüber, ob und von welchem Zeitpunkt ab ein Beamter aus seinem Amte zu entfernen, einstweilen oder definitiv in den Ruhestand zu versetzen oder zu suspendieren sei, über die Verhängung von Ordnungsstrafen, sowie darüber, ob

[1] Vgl. § 4 des Einführungsgesetzes zur deutschen Zivilprozeßordnung v. 30. Januar 1877 (RGBl. S. 244).

[2] Jetzt besonderer Verwaltungsbezirk, Ges. v. 30. Juli 1883 (GS. S. 195) § 1.

[3] Vgl. § 86 des Ausführungsgesetzes zum Gerichtsverfassungsgesetz v. 24. April 1878 (GS. S. 230).

[4] Durch andere Vorschriften ersetzt.

und wie weit eine geforderte Vergütigung in Ermangelung eines vorher bestimmten Betrages oder Maaßstabes derselben mit der betreffenden Leistung im Verhältniß stehe, sind für die Beurtheilung der vor den Gerichten geltend gemachten vermögensrechtlichen Ansprüche maaßgebend.

6. Ingleichen sind bei der richterlichen Beurtheilung nächst den, dem Beamten besonders ertheilten Zusicherungen und den Bestimmungen der allgemeinen Landesgesetze, die zur Zeit der Entstehung des streitigen Anspruchs in Kraft gewesenen Königlichen Anordnungen, sowie die Seitens der Centralbehörden ergangenen, den Provinzialbehörden mitgetheilten und die mit Genehmigung der Centralbehörden von den Provinzialbehörden erlassenen allgemeinen Verfügungen, soweit solche nicht den Gesetzen oder Königlichen Anordnungen zuwiderlaufen, zum Grunde zu legen.

7. Soweit über vermögensrechtliche Ansprüche der Staatsbeamten bereits vor dem Eintritt der Gesetzeskraft des § 1 von dem Könige oder dem Staatsministerium entschieden worden ist, können dieselben bei den Gerichten nicht weiter verfolgt werden.

8. Alle den §§ 1 bis 7 entgegenstehenden Bestimmungen sind aufgehoben.

Zweiter Abschnitt rc.

30.

Deutsche Civilprozeßordnung.

(RGBl. v. 1898 S. 369/410.)

811.[1] Folgende Sachen sind der Pfändung nicht unterworfen:

1. rc.

7. bei . . Beamten . . Notaren . . die zur Verwaltung des Dienstes oder Ausübung des Berufs erforderlichen Gegenstände, sowie anständige Kleidung;

8. bei . . Beamten . . ein Geldbetrag, welcher dem der Pfändung nicht unterworfenen Theile des Diensteinkommens oder der Pension für die Zeit von der Pfändung bis zum nächsten Termine der Gehalts- oder Pensionszahlung gleichkommt;

11. . . . Orden und Ehrenzeichen.

832. Das Pfandrecht, welches durch die Pfändung einer Gehaltsforderung oder einer ähnlichen in fortlaufenden Bezügen bestehenden Forderung erworben wird, erstreckt sich auch auf die nach der Pfändung fällig werdenden Beträge.

833. Durch die Pfändung eines Diensteinkommens wird auch dasjenige Einkommen betroffen, welches der Schuldner in Folge der Versetzung in ein anderes

---

[1] Gilt auch für das Verwaltungszwangsverfahren wegen Beitreibung von Geldbeträgen, § 31 der Verordnung v. 7. September 1879 (GS. S. 591).

Amt, der Uebertragung eines neuen Amts oder einer Gehaltserhöhung zu beziehen hat.

Diese Bestimmung findet auf den Fall der Aenderung des Dienstherrn keine Anwendung.

850.[1] Der Pfändung sind nicht unterworfen:

1. rc.

7. die Pensionen der Wittwen und Waisen und die denselben aus Wittwen- und Waisenkassen zukommenden Bezüge, die Erziehungsgelder und die Studienstipendien, sowie die Pensionen invalider Arbeiter;

8. das Diensteinkommen .... der Beamten ....; die Pension dieser Personen nach deren Versetzung in einstweiligen oder dauernden Ruhestand, sowie der nach ihrem Tode den Hinterbliebenen zu gewährende Sterbe- oder Gnadengehalt.

Uebersteigen in den Fällen Nr. 7 und 8 das Diensteinkommen, die Pension oder die sonstigen Bezüge die Summe von fünfzehnhundert Mark für das Jahr, so ist der dritte Theil des Mehrbetrags der Pfändung unterworfen.

. . . . . .

In den Fällen der beiden vorhergehenden Absätze ist die Pfändung ohne Rücksicht auf den Betrag zulässig, wenn sie wegen der den Verwandten, dem Ehegatten und dem früheren Ehegatten für die Zeit

[1] Gilt im wesentlichen auch für das Verwaltungszwangsverfahren, § 51 der Verordnung v. 7. September 1879.

nach Erhebung der Klage und für das diesem Zeitpunkte vorausgehende letzte Vierteljahr kraft Gesetzes zu entrichtenden Unterhaltsbeiträge beantragt wird. Das Gleiche gilt in Ansehung der zu Gunsten eines unehelichen Kindes von dem Vater für den bezeichneten Zeitraum kraft Gesetzes zu entrichtenden Unterhaltsbeiträge; diese Vorschrift findet jedoch insoweit keine Anwendung, als der Schuldner zur Bestreitung seines nothdürftigen Unterhalts und zur Erfüllung der ihm seinen Verwandten, seiner Ehefrau oder seiner früheren Ehefrau gegenüber gesetzlich obliegenden Unterhaltspflicht der Bezüge bedarf. Hierbei werden ausschließlich die Leistungen berücksichtigt, welche vermöge einer solchen Unterhaltspflicht für den nämlichen Zeitraum oder, falls die Klage zu Gunsten des unehelichen Kindes nach der Klage eines Unterhaltsberechtigten erhoben ist, für die Zeit von dem Beginne des der Klage dieses Berechtigten vorausgehenden letzten Vierteljahrs ab zu entrichten sind.

Die Einkünfte, welche zur Bestreitung eines Dienstaufwandes bestimmt sind, und der Servis der Offiziere, Militärärzte und Militärbeamten sind weder der Pfändung unterworfen noch bei der Ermittelung, ob und zu welchem Betrage ein Diensteinkommen der Pfändung unterliege, zu berechnen.

VII. Dienstwohnungen.

31.

Gesetz, betreffend den Staatshaushalt vom 11. Mai 1898.

(GS. S. 77.)

§ 28. Die Ueberlassung von Dienstwohnungen an Beamte erfolgt nach Maßgabe des Etats.

29. Die Ueberlassung von Wohnungen und von anderen Nutzungen an den zur Verfügung des Staates stehenden Gebäuden und Grundstücken, sowie von sonstigen Naturalbezügen an Beamte darf nur gegen Entgelt stattfinden, sofern nicht in den Spezial-Etats etwas Anderes bestimmt ist.

Die für Dienstwohnungen zu entrichtenden Vergütungen sind, soweit sie nicht gemäß der Bestimmung im § 4 Abs. 2 des Gesetzes vom 12. Mai 1873, betreffend die Gewährung von Wohnungsgeldzuschüssen an die unmittelbaren Staatsbeamten (GS. S. 209), gegen den Wohnungsgeldzuschuß aufgerechnet werden, als Einnahmen nachzuweisen.

32.

Regulativ über die Dienstwohnungen der Staatsbeamten vom 26. Juli 1880.

(MinBl. f. d. i. V. S. 264, JustMinBl. S. 331) in der durch Nachtrag [1] vom 20. April 1898 (MinBl. f. d. i. V. S. 120, JustMinBl. S. 197) geänderten Fassung.

Geltungsbereich.

§ 1. Dieses Regulativ findet Anwendung auf alle Dienstwohnungen der Staatsbeamten, der Beamten und Lehrer staatlicher oder vom Staate zu unterhaltender Unterrichtsanstalten, sowie derjenigen Geistlichen und Schullehrer, welchen der Staat in ihrer Eigenschaft als solche Dienstwohnungen überläßt, unbeschadet der ihnen etwa zustehenden Befreiung von Kommunallasten und Abgaben.

2. Ausgeschlossen bleiben die Lokalbeamten der Domainen- und Forstverwaltung,[2] sowie die zum Ressort der Bergwerks-, Hütten- und Salinenverwaltung gehörigen Werksunterbeamten mit Rücksicht auf die besonderen dieserhalb bestehenden Vorschriften.

Auch findet das Regulativ auf Geistliche, Kirchenbeamte und Schullehrer, denen Dienstwohnungen

---

[1] Derselbe hat § 14 litt. i. geändert und §§ 18 bis 22 durch eine neue Bestimmung ersetzt.

[2] Vorschriften über die Benutzung und bauliche Unterhaltung der Dienstgehöfte der Staatsforstverwaltung vom 31. Januar 1893 (MinBl. f. d. i. V. S. 31).

von Kommunen und fiskalischen oder Privatpatronen überwiesen sind, keine Anwendung.[1]

Oberaufsicht.

3. Die zuständige Aufsichtsbehörde hat die Befolgung der den Inhabern obliegenden Verpflichtungen zu überwachen, von dem Zustande der Dienstwohnungen sowohl während der Benutzung Seitens der Inhaber, als auch während der Uebergangsfrist zwischen Rückgewähr und Uebergabe durch ihre Verwaltungsorgane oder Techniker Kenntniß zu nehmen und bei Wahrnehmung von Verstößen und Mängeln die entsprechende Abhülfe anzuordnen.

Inventarium.

4. Ueber jede Dienstwohnung nebst Zubehör muß ein vollständiges und übersichtliches, geeignetenfalls mit einem Grundplan oder doch mit einer Handzeichnung zu versehendes Inventarium in zwei gleichlautenden Exemplaren, von denen das eine durch die Aufsichtsbehörde (§ 3), das andere durch den Wohnungsinhaber aufbewahrt wird, angelegt und durch Nachtragung aller während der Be-

---

[1] (Allerhöchster Erlaß vom 27. April 1881 an die Minister der Finanzen und der Geistl. &c. Angelegenheiten.) „Auf Ihren gemeinschaftlichen Bericht vom 25. d. M. genehmige Ich, daß die Vorschriften des Regulativs über die Dienstwohnungen der Staatsbeamten vom 26. Juli 1880 vom 1. April d. J. ab auch auf die Dienstwohnungen der Beamten der unter staatlicher Verwaltung stehenden Stiftungsanstalten und Stiftungsfonds des Ressorts der geistlichen, Unterrichts- und Medizinalverwaltung zur Anwendung gebracht werden."

nutzungszeit genehmigten Abänderungen vervollständigt werden, so daß das Inventarium stets den zeitigen Stand der Wohnungen erkennen läßt und eine ausreichende Grundlage für die Rückgewähr bildet.

5. Das Inventarium muß enthalten:

a) Zahl, Maaß und Ausstattung der Räume,

b) die Bezeichnung der etwaigen Repräsentationsräume und ihrer Ausstattung,

c) die auf der Wohnung oder dem Dienstgrundstück haftenden Lasten und Besitzeinschränkungen,

d) bei Dienstwohnungen mit Garten, oder Ackernutzung die Angabe des Flächeninhalts und die Beschreibung der Grenzen, beziehentlich der Bewährungen u. s. w. gegen die Nachbargrundstücke, sowie einen Vermerk darüber, ob und welche Vergütung der Wohnungsinhaber für die Nutzung der Ländereien zu entrichten hat.

Im Uebrigen bestimmt sich die Einrichtung des Inventariums in Form und Inhalt nach den besonderen Verhältnissen der Dienstwohnung.

6. Der Wohnungsinhaber darf in dem von ihm aufzubewahrenden Exemplar des Inventariums eigenmächtig keine Eintragung vornehmen. Die Nachtragung der Abänderungen erfolgt in beiden Exemplaren des Inventariums gleichlautend, auf Anordnung der Aufsichtsbehörde. Etwaige Mängel des Inventariums sind bei den im § 3 erwähnten Revisionen, beziehungsweise bei der Abnahme oder Uebergabe der Dienstwohnungen zu berichtigen.

Zuweisung und Entziehung.

7. Die Ueberlassung von Dienstwohnungen erfolgt nach Maßgabe des Etats. Die Annahme einer vom Staate angewiesenen Dienstwohnung kann nicht verweigert werden. Wird dem Beamten auf seinen Antrag aus besonderen Gründen die Benutzung der Dienstwohnung erlassen, so erfolgt die Festsetzung der näheren Bedingungen durch den Ressortchef im Einvernehmen mit dem Finanzminister.

8. Der Inhaber einer Dienstwohnung darf dieselbe oder einen Theil oder ein Zubehör derselben ohne Genehmigung der Aufsichtsbehörde weder abtreten noch vermiethen.

9. Aus der Zuweisung einer Dienstwohnung erwirbt der Beamte keinen Anspruch auf dauernde Belassung derselben, vielmehr hat die Rückgewähr auch dann, wenn letztere bei der Ueberweisung nicht ausdrücklich vorbehalten ist, auf Verlangen der vorgesetzten Behörde binnen einer von der letzteren zu bestimmenden angemessenen Räumungsfrist, zu erfolgen, ohne daß dem Beamten hierdurch ein Anspruch auf besondere Entschädigung erwächst.

10. Die Uebergabe und die Rückgewähr[1] einer Dienstwohnung wird in allen Fällen durch einen von der Aufsichtsbehörde ernannten Kommissar bewirkt, welcher hierbei den neu einziehenden Beamten ausdrücklich zu eröffnen hat, daß für die Ueberweisung

[1] Wegen Räumung beim Tode des Inhabers siehe Kab.-Order vom 27. April 1816 — unter Nr. 34 abgedruckt.

und Benutzung der Dienstwohnung die Bestimmungen dieses Regulativs maßgebend sind.

In der über den Hergang aufzunehmenden von den Betheiligten zu vollziehenden Verhandlung sind alle Mängel, welche sich bei der Besichtigung unter Zugrundelegung des Inventars ergeben, zu verzeichnen.

Gleichzeitig ist anzugeben, ob die für die Abhülfe aufzuwendenden Kosten der Staatskasse oder dem bisherigen Inhaber, beziehentlich dessen Erben zur Last fallen. Die Abschätzung der Herstellungskosten hat durch den Kommissar und bei höheren Beträgen durch den zuzuziehenden Techniker zu erfolgen.

11. Kommt wegen der Abhülfe solcher Mängel und Schäden, die nicht für Rechnung der Verwaltung zu beseitigen sind, zwischen dem bisherigen Inhaber, beziehentlich dessen Erben und dem neu anziehenden Inhaber ein Vergleich zu Stande, so ist dessen Inhalt in die Verhandlung aufzunehmen. Dasselbe gilt, wenn die Mängel und die erfolgte Abschätzung als richtig anerkannt und die Kosten der erforderlichen Herstellung von dem abziehenden Beamten, bezw. dessen Erben, übernommen werden. Andernfalls ist der Sach- und Streitstand genau zu verzeichnen und durch den Kommissarius der Aufsichtsbehörde zur Entscheidung vorbehaltlich des Rechtsweges vorzulegen.

12. Der Wohnungsinhaber oder dessen Erben sind verpflichtet, den im gütlichen Wege ermittelten oder von der Aufsichtsbehörde festgestellten Kostenbetrag

(§ 11) zur Staatskasse einzuzahlen. Dieselben bleiben außerdem zur Nachzahlung eines demnächst etwa verausgabten, gehörig belegten Mehrkostenbetrages verpflichtet. Ein etwaiger Mehrbetrag der Einzahlung über die wirklich erwachsenen Kosten ist ihnen dagegen zurückzuerstatten.

13. Können Rückgewähr und Uebergabe der Dienstwohnung nicht gleichzeitig vorgenommen werden, so ist dieselbe an einen Beamten oder eine sonst geeignete Person zur Beaufsichtigung und Unterhaltung zu übergeben. Hierüber, sowie über die dem Aufseher etwa zu gewährende Entschädigung hat der Kommissar das Nähere in das Protokoll aufzunehmen. Die Uebergabe und Rückgewähr der Dienstwohnung ist thunlichst durch denselben Kommissar zu bewirken.

Unterhaltungspflicht des Wohnungsinhabers.

14. Dem Wohnungsinhaber liegen — außer der Fürsorge für die Reinigung und Lüftung — die nachstehenden Leistungen ob:

a) die Erhaltung der Verglasung in den Fenstern, Glasthüren, Glaswänden und Oberlichtern, letztere soweit sie nicht als ein Theil des Daches anzusehen sind;

b) das Fegen der Schornsteine nebst der Reinigung der Heizkörper und ihrer Feuerzüge von Ruß, Asche und Schlacken;

c) die Unterhaltung der Oefen, Kochherde, Bratöfen, Kesselfeuerungen, Koch- und Back-Apparate bezüglich der durch den fortgesetzten Gebrauch nöthig gewordenen Reparaturen, jedoch unter

Ausschluß ihrer Erneuerung und ihres Umsetzens (§ 15 litt b.);

d) die Unterhaltung der Beschläge und Schlösser an Thüren und Fenstern, sofern das Bedürfniß nur einzelne Theile derselben betrifft, und nicht eine Erneuerung des Gesammtbeschlages oder des ganzen Schlosses erforderlich ist, ingleichen die Unterhaltung vorhandener Glockenzüge oder ähnlicher Vorrichtungen zum Herbeirufen des Gesindes;

e) der Anstrich der inneren Thüren und Fenster, der Paneele, hölzernen Verschläge und Wandschränke, soweit einzelne durch den Gebrauch abgenutzte Stellen eine Wiederherstellung der Farbendecke erfordern und das Bedürfniß eines neuen Anstrichs des gesammten Objekts nicht anzuerkennen ist (§ 15 litt. c.);

f) das Bohnen und Frottiren der Dielungen und Fußleisten in den durch den Gebrauch und das Erhaltungsbedürfniß bedingten Fristen, sowie kleine Reparaturen des Anstrichs der Fußbodendielung;

g) die Unterhaltung der inneren Wände und der Decken in Betreff ihrer Tünche, Färbung und Malerei, oder Tapezirung, das hierbei etwa erforderliche Abreiben des Abputzes, sowie die Beseitigung unwesentlicher Verletzungen des Putzes und das Abreiben unrein gewordener Tapetenwände und Decken, insofern es sich nicht um eine Erneuerung der Gesammtflächen handelt;

h) die Unterhaltung derjenigen Theile der Wasser- und Gasleitungen, welche mit dem Gebäude nicht in fester Verbindung stehen, sowie die Beschaffung und Unterhaltung der zu diesen Anlagen etwa erforderlichen, unter den Begriff der Mobilien fallenden Gegenstände, wie z. B. der nicht befestigten Wannen, Gartenspritzen, Schläuche, Kronenleuchter, tragbaren Lampen und dergleichen, ferner die Aufwendung der Kosten für den Verbrauch des durch die Leitungen zugeführten Wassers und Gases und die Vorkehrung zum Schutze der Leitungen gegen das Einfrieren;

i) die Wiederherstellung des früheren Zustandes im Falle von Beschädigungen, welche durch Muthwillen oder Fahrlässigkeit des Inhabers, seiner Angehörigen und seines Gesindes veranlaßt sind, — nach Maßgabe der Vorschriften des bürgerlichen Rechts;

k) die Uebernahme solcher Abgaben und Lasten, welche der Miether gesetzlich oder ortsüblich zu den Kommunalbedürfnissen zu leisten hat, sowie:

die Uebernahme der Einquartierungslast, wenn dieselbe durch die Gemeindebehörden beziehentlich durch Ortsstatut auf die Wohnungsinhaber lediglich nach Maßgabe des entbehrlichen Raumes vertheilt ist, mag dieselbe in natura oder in Geld zu leisten sein;

l) die Anschaffung und Unterhaltung von Gegenständen des Luxus, der Neigung oder Bequemlichkeit, sowie der Pflanzungen und der Verbesserungen, welche der Inhaber in dem mit der Dienstwohnung etwa verbundenen Garten oder Ackerlande bewirkt hat, dergestalt, daß der Inhaber hierfür weder eine Entschädigung aus der Staatskasse noch auch die Uebernahme jener Gegenstände oder Anlagen seitens des Dienstnachfolgers verlangen darf;

m) die Unterhaltung der zur Dienstwohnung gehörigen Gärten, soweit nicht besondere Festsetzungen getroffen sind.

Bei einem gemeinsamen Gebrauch von Räumen und Anlagen zu mehreren Dienstwohnungen werden die den Wohnungsinhaber treffenden Kosten nach Bestimmung der Aufsichtsbehörde antheilig von jedem Inhaber getragen.

Der Schlußabsatz bezieht sich auf litt. a. — m.

Unterhaltung durch den Staat.

15. Soweit die Kosten der Unterhaltung von Dienstwohnungen nicht dem Inhaber auferlegt sind, fallen dieselben der Staatskasse zur Last, insbesondere treffen die letztere:

a) die Herstellung aller Schäden, welche von Naturereignissen, Gewittern, Orkanen, Hagelschlag, Erdbeben u. s. w. angerichtet werden;

b) die nothwendige Erneuerung von Hauptbestandtheilen der Feuerungen und Heizungen, namentlich von Heizthüren, Rauchröhren, Kochplatten, Kacheln und metallenen Muffeln oder Einsätzen der Bratöfen, insofern die Nothwendigkeit der Erneuerung nicht durch fahrlässigen Gebrauch veranlaßt ist (§ 14 litt. c.);

c) die Unterhaltung und Erneuerung von plastischen Ausstattungen, sowie des Anstrichs der äußeren Thüren, Doppelthüren, Thore, Fenster, Doppelfenster, Fensterbretter und inneren und äußeren Fensterläden auf beiden Seiten, desgleichen der Anstrich der inneren Thüren und Fenster, der Paneele, hölzernen Verschläge und Wandschränke, wenn das Bedürfniß sich nicht auf einzelne schadhafte Stellen beschränkt, endlich das Verkitten der Scheiben außer dem im § 14 litt. a. vorgesehenen Falle;

d) die Erneuerung von Hauptbestandtheilen der Glockenzüge oder ähnlicher Vorrichtungen zum Herbeirufen des Gesindes;

e) die Unterhaltung und Erneuerung von Garten- und Hofbewährungen, einschließlich der Pforten, Thorwege und Thore;

f) die Unterhaltung und Erneuerung des zur Erhaltung der Dielungen dienenden Anstrichs und das damit verbundene Verkitten der Fugen;

g) die sonst nach § 14 dem Wohnungsinhaber obliegende Unterhaltung der davon betroffenen Gegenstände in allen den Fällen, in welchen die

Ursachen des Reparatur- und Erneuerungs-bedürfnisses erweislich aus Mängeln der ersten Anlage oder aus Veränderungen in der technischen Struktur des Gebäudes, wie Rissen und Lösungen der Mauern oder Decken u. s. w. hervorgehen;

h) die Uebernahme der Einquartierungslast, wenn dieselbe durch die Gemeindebehörden beziehentlich durch Ortsstatut auf die Hauseigenthümer vertheilt ist.

16. Bei gemeinsamer Benutzung von Gebäuden zu Dienstwohnungen und Geschäftsräumen gelten folgende Bestimmungen:

1. in den zu beiden Zwecken gemeinschaftlich benutzten Räumen, wie Fluren, Korridoren, Treppen u. s. w. trägt der Staat auch die dem Wohnungsinhaber obliegenden Leistungen;
2. zu den im § 14 b bezeichneten Kosten leistet der Wohnungsinhaber einen von der Aufsichtsbehörde festzusetzenden angemessenen Beitrag;
3. von den im § 14 k bezeichneten Kommunalabgaben und Lasten trägt der Staat für die Geschäftsräume, soweit an sich keine Befreiung desselben begründet ist, einen angemessenen Antheil.

Ausnahme zu Gunsten der Unterbeamten.

17. Unterbeamte haben nur die in dem § 14 sub litt. a, h, i, k und l aufgeführten Leistungen zu erfüllen. Als Unterbeamte im Sinne dieses Regulativs gelten die in Gemäßheit des Gesetzes vom 24. Februar

1877, betreffend die Umzugskosten des Staatsbeamten (Ges.-Samml. S. 15) § 1 Nr. VIII zu den Unterbeamten zu zählenden Staatsbeamten.

Vergütung.

18 bis 22 ersetzt durch folgende Bestimmung:

Sofern die Dienstwohnung nicht im Etat als freie bezeichnet und dem Beamten als solche bewilligt ist, hat dieser für ihre Benutzung eine Vergütung an die Staatskasse zu leisten.

Diese Vergütung wird bezüglich etatsmäßiger Beamten auf die für sie in Betracht kommenden Sätze des Wohnungsgeldzuschusses festgesetzt und durch deren Einbehaltung nach § 4 Abs. 2 des Gesetzes vom 12. Mai 1873, betreffend die Gewährung von Wohnungsgeldzuschüssen (GS. S. 209), beglichen.

Bezüglich außeretatsmäßiger Beamten, welche ein monatsweise zahlbares Diensteinkommen beziehen, ist sie nach Hundertheilen dieses Diensteinkommens zu bemessen und nach der Klasseneintheilung abzustufen, wie solche in Gemäßheit des Gesetzes vom 25. Juni 1868, betreffend die Quartierleistung für die bewaffnete Macht während des Friedenszustandes (Bundes-Gesetzbl. S. 523), durch den jeweiligen Servistarif gegeben ist. Danach beträgt die zu zahlende Vergütung:

in Orten der Servisklasse	A	10	vom Hundert,
" " " "	I	7½	" "
" " " "	II	6	" "
" " " "	III	5	" "

in Orten der Servisklasse IV . . . . . . 4 vom Hundert
" " " " V[1] . . . . . . 3½ " "
des Diensteinkommens.

Bei Veränderungen in der Servisklassen-Eintheilung kommt mit dem Beginne des auf ihre Verkündigung folgenden Kalendervierteljahres der veränderte Satz der Miethsvergütung zur Anwendung.

Tagegeld-Empfänger sind von Entrichtung der Miethsvergütung frei zu lassen.

Beamte (mit Einschluß der Militäranwärter), welchen die einstweilige Verwaltung einer Dienststelle übertragen und hierbei die mit der Stelle verbundene Dienstwohnung angewiesen worden ist, können für die Dauer dieses Verhältnisses von der Leistung der Vergütung entbunden werden.

23. Für die Benutzung von Gärten, welche nach der von dem Verwaltungschef zu treffenden Entscheidung als Zubehör der Dienstwohnung anzusehen sind, ist eine Vergütung an die Staatskasse nicht zu entrichten.

24. Insoweit Beamten die Benutzung von Dienstwohnungen zur Zeit des Inkrafttretens dieses Regulativs gegen eine geringere Vergütung verstattet ist, tritt die Berechnung der höheren Vergütung erst in dem Falle ein, wenn dem Wohnungsinhaber eine das Mehr der Vergütung übersteigende Erhöhung seines Diensteinkommens zu Theil wird.

---

[1] Aufgehoben, s. Note S. 107.

Dienstwohnungen mit Repräsentation.

25. In Betreff der Dienstwohnungen, die einer Ausstattung mit Mobiliar, Tafel-, Haus- und Wirthschaftsgeräth bedürfen, bleiben die Vorschriften des Allerhöchsten Erlasses vom 24. Juni 1861, in Betreff der Dienstwohnungen der Minister diejenigen des Allerhöchsten Erlasses vom 12. Februar 1866 und bezüglich der Gärten diejenigen des Allerhöchsten Erlasses vom 19. November 1862 maßgebend.

26. Mobilien und Ausstattungsgegenstände, welche auf Kosten des Staats für die Repräsentationsräume einer Dienstwohnung beschafft und bei diesem im Inventarium (§ 5 litt. b) verzeichnet sind, dürfen von dem Wohnungsinhaber in anderen Räumen nicht verwendet werden.

27. Bei Dienstwohnungen mit Repräsentationsräumen werden in letzteren sämmtliche für Wiederherstellung oder Erneuerung der Wand- und Deckenflächen, mögen sie getüncht, gefärbt, gemalt, tapezirt oder mit plastischer Bekleidung ausgestattet sein, erforderlichen Ausgaben, ingleichen die Kosten für Unterhaltung und Erneuerung des Anstrichs der inneren Thüren und Fenster, der Paneele, hölzernen Verschläge und Wandschränke, sowie für Beschaffung und Unterhaltung von Glockenzügen oder ähnlicher Vorrichtungen zum Herbeirufen des Gesindes, von der Staatskasse getragen.

28. Gehört zu Dienstwohnungen, deren Inhabern eine Repräsentation obliegt, ein Garten, so fällt die Unterhaltung desselben der Staatskasse zur Last.

Welche Dienstwohnungen hierher zu rechnen sind, wird durch den Verwaltungschef im Einvernehmen mit dem Finanzminister bestimmt. Die Unterhaltungskosten der Gärten sind zu veranschlagen und in den Kassenetats als Unterfonds zu vermerken.

Verfahren bei Veränderungen in den Dienstwohnungen.

29. Veränderungen in der Anordnung und Ausstattung der Dienstwohnungen nebst Zubehör sind nur unter Zustimmung der Aufsichtsbehörde und Berichtigung des Inventars (§§ 4ff.) statthaft.

30. Die Aufsichtsbehörde hat bei Genehmigung des Gesuchs zu bestimmen:

a) ob bei der Rückgewähr der frühere Zustand wieder herzustellen oder die Abänderung beizubehalten ist;

d) ob letzteren Falls der für die Staatskasse sich ergebende Vortheil dazu angethan erscheint, einen Beitrag aus Staatsmitteln zu den Herstellungskosten entweder sofort oder bei der Rückgewähr bei dem Verwaltungschef in Antrag zu bringen.

Dienstwohnungen in gemietheten Gebäuden.

31. Auf Dienstwohnungen, welche vom Staate angemiethet sind, findet dieses Regulativ nur insoweit Anwendung, als es die besonderen Verhältnisse des einzelnen Falles, insbesondere der abgeschlossene Miethsvertrag gestatten. Sind von der Behörde in dem Miethsvertrage besondere Verpflichtungen in Betreff der Unterhaltung der Räume oder ihrer Zubehörungen übernommen, so hat der Wohnungsin-

haber für Erfüllung solcher Verabredungen in der Regel nur insoweit aufzukommen, als Verpflichtungen gleicher Art den Inhaber einer Dienstwohnung in einem Staatsgebäude treffen würden, während alle weitergehenden Verpflichtungen dem Staate zur Last fallen.

Die nähere Festsetzung hierüber bleibt im Einzelfalle dem Verwaltungschef vorbehalten.

32. Bei Dienstwohnungen in angemietheten Räumen darf die Aufnahme eines Inventars (§ 4) unterbleiben, sofern der Miethsvertrag die erforderlichen Angaben in ausreichender Uebersichtlichkeit enthält.

Schlußbestimmungen.

33. Das vorstehende Regulativ tritt für den ganzen Umfang der Monarchie mit dem 1. April 1881 in Kraft.

Die entgegenstehenden Vorschriften, namentlich das Regulativ vom 18. Oktober 1822 und die dasselbe ergänzenden und abändernden Bestimmungen sind aufgehoben.

Das Regulativ findet auch auf die Beamten Anwendung, welche sich am 1. April 1881 im Genusse einer Dienstwohnung befinden. Nur für diejenigen dieser Beamten, denen zur Zeit des Inkrafttretens dieses Regulativs ein Rechtsanspruch auf eine besondere Behandlung hinsichtlich der Unterhaltungspflicht ihrer Dienstwohnungen zusteht, bewendet es auf deren Verlangen lediglich bei den jenen Anspruch begründenden Vorschriften.

34. In zweifelhaften Fällen bei Anwendung dieses Regulativs entscheidet der Verwaltungschef im Einvernehmen mit dem Finanzminister.

33.

Erlaß des Finanzministers zu dem Regulativ.[1] Vom 27. Oktober 1880.

(MinBl. f. d. i. V. S. 263.)

Die Königliche Regierung erhält anbei .... Druck-Exemplare des unterm 26. Juli d. Js. Allerhöchst genehmigten, mit dem 1. April k. Js. in Kraft tretenden Regulativs über die Dienstwohnungen der Staatsbeamten.

Für die Ausführung dieses Regulativs, durch welches alle seither hinsichtlich der Dienstwohnungen erlassenen allgemeinen und besonderen Vorschriften aufgehoben sind, wird auf nachstehende Gesichtspunkte hingewiesen:

1. Zur Sicherung einer ordnungsmäßigen Führung der Inventarien (§§ 4—6 des Regulativs) ist es erforderlich, daß zwischen den beiden, durch die Aufsichtsbehörde und durch den Wohnungsinhaber aufzubewahrenden Exemplaren des Inventariums stets vollständige Uebereinstimmung in Form und Inhalt stattfindet.

   Neben der im § 3 des Regulativs erwähnten allgemeinen Prüfung des Zustandes der Dienstwohnungen sind die Inventarien sowohl bei der

---

[1] Vgl. auch die hiermit wesentlich übereinstimmenden Erlasse des Justizministers vom 14. Dezember 1880 (JustMinBl. S. 330) und des Ministers der geistlichen rc. Angelegenheiten v. 24. November 1880. G. III. 8236.

Uebergabe und Rückgewähr der Dienstwohnungen, als auch während der Benutzung Seitens des Inhabers der Regel nach alljährlich einmal einer Revision zu unterziehen. Dieselbe hat sich auf die Prüfung der im Inventarium nachgetragenen Zugänge, der nachgewiesenen Abgänge und auf das Vorhandensein der sonach verbliebenen Gegenstände zu erstrecken.

Ueber das Ergebniß einer jeden Revision ist eine Verhandlung aufzunehmen und zu den Akten zu bringen.

2. Da die Ueberlassung von Dienstwohnungen nur nach Maßgabe des Etats zu erfolgen hat (§ 7 des Regulativs), so müssen sämmtliche den Beamten überwiesene Dienstwohnungen in den Special-Etats der betreffenden Verwaltungen aufgeführt werden. Ist für die Dienstwohnung eine Vergütungen nicht zu entrichten, so ist dieselbe als „freie" zu bezeichnen (§ 18 des Regulativs).

3. Bei der Uebergabe der Dienstwohnung ist dem neu einziehenden Beamten die im § 10 des Regulativs bezeichnete ausdrückliche Eröffnung zu machen, daß für die Ueberweisung und Benutzung der Dienstwohnung die Bestimmungen dieses Regulativs maßgebend sind. Daß dies geschehen, ist in die Uebergabe-Verhandlung aufzunehmen.

4. Die erleichterte Unterhaltungspflicht des Woh-

nungsinhabers bedingt eine strenge und unausgesetzte Aufsicht über den Zustand der Dienstwohnung und über die dem Inhaber obliegenden Leistungen, wie solches im § 3 des Regulativs vorgeschrieben ist.

Da abweichend von den bisherigen Vorschriften nach den Bestimmungen im § 14 litt. g. und § 15 litt. c. des Regulativs die Kosten der Tapezierungen, der Erneuerung des Anstrichs der Wände, Decken, Thüren, Fenster u. s. w. die Staatskasse treffen, sofern es sich um eine Wiederherstellung der Gesammtflächen handelt, so ist in der Regel zunächst das Bedürfniß sorgfältig festzustellen, namentlich darauf zu sehen, ob eine den besonderen Verhältnissen entsprechende Abnutzungszeit vergangen ist und ob nicht die Nothwendigkeit der Wiederherstellung durch Muthwillen oder Fahrlässigkeit des Inhabers, seiner Angehörigen oder seines Gesindes veranlaßt ist, so daß der Inhaber nach der Bestimmung im § 14 litt. i. für die Wiederherstellung des früheren Zustandes in Anspruch zu nehmen ist.

5. Nach § 17 des Regulativs gelten als Unterbeamte, denen eine erhebliche Erleichterung in der Unterhaltungspflicht der Dienstwohnungen zu Theil wird, die in Gemäßheit des Gesetzes vom 24. Februar 1877, betreffend die Umzugskosten der Staatsbeamten (GS. S. 15), § 1 Nr. VIII zu den Unterbeamten zu zählenden

Staatsbeamten. Ausgeschlossen hiervon bleiben diejenigen Beamten, welche nach § 1 ad VII im Artikel I des Gesetzes vom 28. Juni 1875, betreffend die Abänderung des Gesetzes vom 24. März 1873 über die Tagegelder und Reisekosten der Staatsbeamten (GS. S. 370), zu einem Tagegeldersatze von 4 Mk. 50 Pf. berechtigt sind und dementsprechend zu der Klasse VII im § 1 des gedachten Umzugskosten-Gesetzes gezählt werden.

6. Nachdem die bisherigen Sätze der für die Benutzung der Dienstwohnungen zu entrichtenden Vergütung anderweit festgesetzt sind (cfr. §§ 18 bis 21 des Regulativs), soll die Berechnung der danach zu entrichtenden höheren Vergütung, falls Beamten die Benutzung von Dienstwohnungen zur Zeit des Inkrafttretens des Regulativs gegen eine geringere Vergütung verstattet ist, nach der Bestimmung im § 24 erst in dem Falle eintreten, wenn dem Wohnungsinhaber eine das Mehr der Vergütung übersteigende Erhöhung seines Diensteinkommens zu Theil wird. Ist dagegen die zur Zeit zu entrichtende Vergütung höher als der regulativmäßige Satz, so hat die anderweite Normirung der Vergütung schon vom 1. April l. Js. ab zu erfolgen.

7. Für die Benutzung von Gärten, welche als Zubehör der Dienstwohnung anzusehen sind, ist eine Vergütung an die Staatskasse nicht zu entrichten (§ 23 des Regulativs). Es wird dieses

in der Regel zutreffen, wenn die Gärten nur für die Erholung des Inhabers oder für die Erzielung von Gemüsen oder Gartenfrüchten seines Haushaltsbedarfs bestimmt sind und ihre Lage eine andere Verwertung nicht thunlich erscheinen läßt. Sind die Gärten jedoch nach dem Umfange ihres Areals für eine landwirthschaftliche Nutzung oder vermöge ihrer abgesonderten Lage zur Einzelverpachtung geeignet, so ist für den Genuß einer derartigen Nutzung von dem Wohnungsinhaber eine derselben entsprechende und durch sachverständige Schätzung zu ermittelnde Vergütung zu zahlen. Walten in Fällen vorstehender Art Zweifel ob, so ist die diesseitige Entscheidung einzuholen. Insoweit von dem Wohnungsinhaber für die Benutzung von Gärten bisher eine Vergütung entrichtet ist, behält es hierbei bis auf Weiteres sein Bewenden.

Sofern sich bei Anwendung dieses Regulativs noch in dem einen oder dem anderen Punkte prinzipielle Bedenken ergeben sollten, so bleibt dieserhalb hierher zu berichten.

34.

Kabinetsorder vom 27. April 1816, wegen der den Hinterbliebenen Königlicher Beamten zu bewilligenden Gnaden- und Sterbe-Quartale.

(GS. S. 134.)

Auf den von dem Staatsministerium wegen der Gnaden- und Sterbe-Quartale in dem Berichte vom

12. d. M. Mir gemachten Vortrag will ich genehmigen, daß

1. und 2.[1]

Wegen der Dienstwohnungen bestimme Ich:

3. daß nach dem Absterben eines Offizianten, die Sessions- und Arbeitsstube ohne Verzug geräumt, insofern die letztere aber so belegen ist, daß sie nicht füglich von der Familienwohnung abgesondert werden kann, eine andere Stube zum Arbeitszimmer eingeräumt werden soll, und daß die Familie des Verstorbenen demnächst auch für die Dauer der Gnadenmonate in der Dienstwohnung bleiben darf. Sollte bei Ablauf des letzten Monats, wegen des damit nicht übereintreffenden Miethsquartals, das anderweite Unterkommen der Familie Schwierigkeiten finden, so soll solche entweder mit dem früher eintretenden Miethsquartal die Wohnung räumen und durch den Dienstnachfolger für die Monate entschädigt werden, für welche ihr eigentlich die freie Wohnung noch zukömmt, oder die Familie soll bis zum nächstfolgenden Miethsquartal darin belassen werden, und nur verpflichtet sein, dem Nachfolger im Dienst ein gewöhnliches Absteigequartier für seine Person und einen oder mehrere Domestiken einzuräumen.

Zugleich setze Ich fest, daß ohne Rücksicht auf das bisherige Verfahren, nach den obigen Grundsätzen

---

[1] Zu 1 und 2 durch das Gesetz vom 6. Februar 1881 ersetzt.

bei allen landesherrlichen Kollegien und Civilstellen verfahren werden soll, jedoch mit Ausschluß der Geistlichen und Schullehrer und der Mitglieder der Akademie der Wissenschaften, für welche resp. die Vorschriften des Allgemeinen Landrechts und des Ostpreuß. Provinzialrechts, so wie die am 24. Januar 1812 von Mir vollzogenen Statuten nach wie vor zu befolgen sind.

VIII. Tagegelder, Reise- und Umzugskosten.

35.

Gesetz, betreffend die Tagegelder und die Reisekosten der Staatsbeamten. Vom 24. März 1873.

(GS. S. 122.)

in der durch die Gesetze vom 28. Juni 1875[1] (GS. S. 370) und 21. Juni 1897[2] (GS. S. 193) sowie die Verordnung vom 15. April 1876[3] (GS. S. 107) abgeänderten Fassung.

— Wegen der Geltung im Kreis Herzogtum Lauenburg s. Verordnung vom 31. Mai 1879 (GS. S. 363). —

§ 1. Die Staatsbeamten erhalten bei Dienstreisen[4] Tagegelder nach den folgenden Sätzen:

---

[1] Diesem entspricht die jetzige Fassung des § 10.

[2] Vgl. die folgende Nr. 36.

[3] Durch diese haben §§ 6, 7 und 12 die jetzige Fassung erhalten.

[4] Über die Anwendbarkeit obiger Vorschriften in den vor die ordentlichen Gerichte gehörigen Rechtssachen, auf welche die

I.	Aktive Staatsminister	35	Mark
II.	Beamte der ersten Rangklasse	28	„
III.	Beamte der zweiten und dritten Rangklasse	22	„
IV.	Beamte der vierten und fünften Rangklasse	15	„
V.	Beamte, welche nicht zu obigen Klassen gehören, soweit sie bisher zu dem Tagegelderſatze von 9 Mark berechtigt waren	12	„
VI.	Subalternbeamte der Provinzial-, Kreis- und Lokalbehörden und andere Beamte gleichen Ranges	8	„
VII.	Andere Beamte, welche nicht zu den Unterbeamten zu zählen sind	6	„
VIII.	Unterbeamte	4	„

Zivilprozeßordnung, die Strafprozeßordnung oder die Konkursordnung Anwendung findet, bestimmt § 14 der Deutschen Gebührenordnung für Zeugen und Sachverständige (RGBl. von 1898 S. 369/689) folgendes:

§ 14. Öffentliche Beamte erhalten Tagegelder und Erstattung von Reisekosten nach Maßgabe der für Dienstreisen geltenden Vorschriften, falls sie zugezogen werden:

1. als Zeugen über Umstände, von denen sie in Ausübung ihres Amtes Kenntnis erhalten haben;
2. als Sachverständige, wenn sie aus Veranlassung ihres Amtes zugezogen werden und die Ausübung der Wissenschaft, der Kunst oder des Gewerbes, deren Kenntnis Voraussetzung der Begutachtung ist, zu den Pflichten des von ihnen versehenen Amtes gehört.

Werden nach den Vorschriften dieses Paragraphen Tagegelder und Reisekosten gewährt, so findet eine weitere Vergütung an den Zeugen oder Sachverständigen nicht statt.

Erstreckt sich eine Dienstreise auf zwei Tage und wird sie innerhalb 24 Stunden beendet, so ist nur das Ein- und einhalbfache der Sätze unter I bis VIII zu liquidiren.

Wird die Dienstreise an ein und demselben Tage angetreten und beendet, so tritt eine Ermäßigung der Tagegelder bei I auf 27 Mark, bei II auf 21 Mark, bei III auf 17 Mark, bei IV auf 12 Mark, bei V auf 9 Mark, bei VI auf 6 Mark, bei VII auf 4,50 Mark und bei VIII auf 3 Mark ein.

2. Erfordert eine Dienstreise einen außergewöhnlichen Kostenaufwand, so kann der Tagegeldersatz (§ 1) von dem Verwaltungschef angemessen erhöht werden.

3. Etatsmäßig angestellte Beamte, welche vorübergehend außerhalb ihres Wohnortes bei einer Behörde beschäftigt werden, erhalten für die Dauer dieser Beschäftigung neben ihrer Besoldung die im § 1 festgesetzten Tagegelder.

Nichtetatsmäßig angestellte Beamte haben im gleichen Falle auf die im § 1 festgesetzten Tagegelder nur für die Dauer der Hin- nnd Rückreise Anspruch. Für die Dauer der Beschäftigung werden die denselben zu gewährenden Tagegelder durch die vorgesetzte Behörde bestimmt.

4. An Reisekosten, einschließlich der Kosten der Gepäckbeförderung erhalten:

I. bei Dienstreisen, welche auf Eisenbahnen oder Dampfschiffen gemacht werden können:

1. die im § 1 unter I bis IV bezeichneten

Beamten für das Kilometer 9 Pfennig und für jeden Zu- und Abgang 3 Mark.

Hat einer dieser Beamten einen Diener auf die Reise mitgenommen, so kann er für denselben 5 Pfennig für das Kilometer beanspruchen;

2. die im § 1 unter V und VI genannten Beamten für das Kilometer 7 Pfennig und für jeden Zu- und Abgang 2 Mark.
3. die im § 1 unter VII und VIII genannten Beamten für das Kilometer 5 Pfennig und für jeden Zu- und Abgang 1 Mark;

II. bei Dienstreisen, welche nicht auf Eisenbahnen, Kleinbahnen oder Dampfschiffen zurückgelegt werden können:

1. die im § 1 unter I bis IV genannten Beamten	60 Pfennig,
2. die im § 1 unter V und VI genannten Beamten	40 „
3. die im § 1 unter VII und VIII genannten Beamten	30 „

für das Kilometer.

III. die Bestimmung darüber, unter welchen Umständen von den Beamten bei ihren Dienstreisen Kleinbahnen zu benutzen, und welche Reisekostenvergütungen in solchen Fällen zu gewähren sind, erfolgt durch das Staatsministerium.

Haben erweislich höhere Reisekosten als die unter

I bis III festgesetzten aufgewendet werden müssen, so werden diese erstattet.

5. Die Reisekosten werden für die Hin- und Rückreise besonders berechnet. Hat jedoch ein Beamter Dienstgeschäfte an verschieden Orten unmittelbar nach einander ausgerichtet, so ist der von Ort zu Ort wirklich zurückgelegte Weg ungetheilt der Berechnung der Reisekosten zu Grunde zu legen.

6. Für Geschäfte am Wohnorte des Beamten werden weder Tagegelder noch Reisekosten gezahlt; dasselbe gilt von Geschäften außerhalb des Wohnorts in geringerer Entfernung als 2 Kilometer von demselben. War der Beamte durch außergewöhnliche Umstände genöthigt, sich eines Fuhrwerks zu bedienen, oder waren sonstige nothwendige Unkosten, wie Brücken- oder Fährgeld aufzuwenden, so sind die Auslagen zu erstatten.

Für einzelne Ortschaften kann durch den Verwaltungschef in Gemeinschaft mit dem Finanzminister bestimmt werden, daß den Beamten bei den außerhalb des Dienstgebäudes vorzunehmenden Geschäften die verauslagten Fuhrkosten zu erstatten sind.

7. Bei Berechnung der Entfernungen wird jedes angefangene Kilometer für ein volles Kilometer gerechnet.

Bei Reisen von nicht weniger als 2 Kilometer, aber unter 8 Kilometer, sind die Fuhrkosten für 8 Kilometer zu gewähren.

8. Beamte, welche zum Zweck von Reisen inner-

halb ihres Amtsbezirks neben oder in ihrem Einkommen eine Pauschsumme für Reisekosten oder Unterhaltung von Fuhrwerk oder Pferden beziehen, erhalten Tagegelder und Reisekosten nach Maßgabe dieses Gesetzes nur dann, wenn sie Dienstgeschäfte außerhalb ihres Amtsbezirks ausgeführt haben.

Werden Beamte, welche eine solche Pauschsumme beziehen, wegen Urlaubs oder sonstiger Verhinderung vertreten, so haben dieselben ihren Stellvertreter angemessen zu entschädigen. Diese Entschädigung und die unter besonderen Umständen zulässigen Ausnahmen bestimmt die vorgesetzte Behörde.

9. Für Dienstreisen von Beamten, welche sich im Vorbereitungsdienst befinden, werden Tagegelder und Reisekosten dann nicht gewährt, wenn die Reisen lediglich zum Zwecke der Ausbildung dieser Beamten erfolgen. Ob letzteres der Fall ist, entscheidet die vorgesetzte Dienstbehörde.

10. Ist der persönliche Rang eines Beamten ein höherer, als der mit dem Amt verbundene, so ist der letztere für die Feststellung der Tagegelder- und Reisekostensätze maßgebend. Beamte, welche im Range zwischen zwei Klassen stehen, erhalten die für die niedrigere Klasse bestimmten Sätze. Für Beamte, denen ein bestimmter Rang nicht verliehen ist, entscheidet der Verwaltungschef in Gemeinschaft mit dem Finanzminister über die denselben nach Maßgabe dieses Gesetzes zu gewährenden Sätze. In gleicher Weise erfolgt die Entscheidung darüber, welche Beamte

zu den im § 1 unter VII und VIII genannten zu zählen sind.[1]

11. Dieses Gesetz tritt mit dem 1. April 1873 in Kraft.

Alle demselben entgegenstehenden Bestimmungen sind aufgehoben, insbesondere: die Verordnung vom 28. Juni 1825 wegen Vergütigung der Diäten und Reisekosten für kommissarische Geschäfte in Königlichen Dienstangelegenheiten (GS. S. 163) und der Erlaß vom 10. Juni 1848 über die Tagegelder und Fuhrkosten bei Dienstreisen der Staatsbeamten (GS. S. 151).

Wo in besonderen Vorschriften auf die hiernach aufgehobenen Bestimmungen Bezug genommen wird, treten die entsprechenden Bestimmungen dieses Gesetzes an deren Stelle.

12. Die gesetzlichen und Verwaltungs-Vorschriften, welche für einzelne Dienstzweige oder Dienstgeschäfte bezüglich der den Beamten aus der Staatskasse zu gewährenden Tagegelder und Reisekosten ergangen sind, bleiben vorläufig in Kraft. Eine Abänderung derselben kann im Wege Königlicher Verordnung erfolgen.

Die in den vorstehenden §§ 1 und 4 bestimmten Sätze dürfen jedoch nicht überschritten werden.

Unter gleicher Beschränkung kann die Gewährung von Tagegeldern und Reisekosten für einzelne Dienst-

---

[1] § 9 des Umzugskostengesetzes v. 24. Februar 1877.

zweige oder Dienstgeschäfte auch fernerhin im Wege Königlicher Verordnung besonders geregelt werden.

Desgleichen können die Sätze von Tagegeldern und Reisekosten, welche den in Angelegenheiten der direkten Staatssteuern berufenen Kommissionsmitgliedern und Abgeordneten zu gewähren sind, im Wege der Königlichen Verordnung geändert oder neu bestimmt werden.

Die Bestimmung in den vorstehenden §§ 6 und 7, wonach die Entfernung von 2 beziehungsweise 8 Kilometern für die Berechtigung auf Tagegelder und Reisekosten, sowie deren Berechnung maßgebend ist, findet auch auf die vorerwähnten besonderen Vorschriften entsprechende Anwendung.[1]

---

[1] Hinsichtlich der Tagegelder und Reisekosten der einzelnen Dienstzweige sind nachstehende Gesetze und Verordnungen ergangen und zwar für:

Ansiedelungskommission in Posen: Verordnung v. 13. April 1898 (GS. S. 64).

Auseinandersetzungsbeamte: Gesetz vom 3. März 1877 (GS. S. 99).

Beamte bei der Revision von Eisenbahnstrecken und in Strombefahrungsangelegenheiten: Verordnung vom 7. Januar 1876 (GBl. S. 31);

Eisenbahnbeamte: Verordnungen vom 12. Oktober 1897 (GS. S. 415) und 18. Januar 1899 (S. 21).

Gerichtsvollzieher: § 17 der Reichsgebührenordnung für Gerichtsvollzieher (RGBl. von 1898 S. 683).

Gesandtschaftliche Beamte: Verordnung vom 1. Mai 1879 (GS. S. 351) und 28. März 1881 (GS. S. 276);

Justizbeamte: Verordnungen vom 24. Dezember 1873 (GS. S. 2 von 1874), 8. Mai 1876 (S. 119), 11. Februar

36.

Gesetz, betreffend die Tagegelder und Reisekosten der Staatsbeamten. Vom 21. Juni 1897.

(GS. S. 193.)

Art. I (gibt den §§ 1 und 4 des Gesetzes vom 24. März 1873 oben Nr. 35 die dort eingerückte neue Fassung).

1880 (S. 53), 6. August 1898 (S. 297) und 27. August 1900 (S. 319); Allgem. Verfügung vom 1. Februar 1889 (JustMinBl. S. 47), 28. Dezember 1903 (S. 310) und 6. Januar 1904 (S. 3);

Landgensdarmerie: Verordnungen vom 1. April 1874, 1. November 1876 und 14. Oktober 1881 (GS. S. 131 bzw. 457 und 339), 11. Mai 1898 (GS. S. 103) und 16. Jan. 1900 (S. 21).

Landwirtschaftliche Verwaltung: Zeichner, Hülfszeichner, Meliorationstechniker und Wiesenbaumeister, Verordnung vom 22. April 1892 (GS. S. 95), 29. August 1904 (1905 S. 7), sowie 22. Dezember 1897 (GS. 1898 S. 1) betr. Reisezulagen.

Medizinalbeamte: Gesetz vom 9. März 1872 (GS. S. 265), Verordnung vom 4. November 1874 (GS. S. 354) und Gesetz vom 17. September 1876 (GS. S. 411);

Notare: § 21 der Gebührenordnung für Notare (GS. 1899 S. 374).

Regierungszivilsupernumerare als Protokollführer bei der Abschätzung von Manöver-Flurschäden: Verordnung vom 11. Mai 1895 (GS. S. 183);

Mitglieder der Bezirks- und Veranlassungskommissionen für die anderweite Regelung der **Grundsteuer:** Verordnung vom 19. Mai 1873 (GS. S. 226);

Kommissions- und Ausschußmitglieder in Angelegenheiten der direkten **Staatssteuern:** Verordnung vom 4. Juli 1892 (GS. S. 201) und 4. Februar 1894 (S. 6);

Art. II. Soweit Beamte nach Maßgabe der für das betreffende Ressort bestehenden Bestimmungen Dienstreisen mit unentgeltlich gestellten Verkehrsmitteln ausführen, haben dieselben an Reisekosten nur die bestimmungsmäßigen Entschädigungen für Zu- und Abgang zu beanspruchen.

Art. III. Für Beamte, welche durch die Art ihrer Dienstgeschäfte zu häufigen Dienstreisen innerhalb bestimmter Amtsbezirke oder zu regelmäßig wiederkehrenden Dienstreisen zwischen bestimmten Orten genöthigt werden, können an Stelle der nach den §§ 1 und 4 des Gesetzes vom 24. März 1873 bezw. Art. I dieses Gesetzes zu berechnenden Vergütungen nach Bestimmung des Verwaltungschefs und des Finanzministers Bauschvergütungen festgesetzt werden.

Art. IV. Für die Ansprüche der Beamten auf Grund der gesetzlichen Bestimmungen über die Reisekosten und Tagegelder der Staatsbeamten sind die

---

Schutzmannschaft in Berlin, Charlottenburg, Rixdorf und Schöneberg: Verordnung v. 2. Juni 1902 (GS. S. 204);
Strafanstaltsbeamte: Verordnung vom 21. Juni 1876 (GS. S. 257) und vom 13. April 1898 (GS. S. 65);
Beamte der Lokalverwaltung der **Zölle** und indirekten **Steuern**: Verordnung vom 22. April 1885 (GS. S. 125) und 9. August 1892 (S. 240).

Ferner für
Beamte bei ihrer Vernehmung als **Zeugen** oder **Sachverständige**: § 14 der Reichsgebührenordnung für Zeugen und Sachverständige (RGBl. 1898 S. 689), sowie Zirkular des Ministers des Innern nebst Tarif vom 27. Februar 1884 (MinBl. f. d. i. V. S. 30).

Ausführungsvorschriften maßgebend, die vom Staatsministerium oder, soweit gesetzlich die Zuständigkeit der Verwaltungschefs beziehungsweise des Finanzministers begründet ist, von diesen getroffen werden.

Art. V. Die Bestimmungen im § 12 des Gesetzes vom 24. März 1873 in der Fassung der Verordnung vom 15. April 1876 (GS. S. 107) finden auf die vor Erlaß des gegenwärtigen Gesetzes ergangenen gesetzlichen, oder sonstigen Vorschriften, welche für einzelne Dienstzweige oder Dienstgeschäfte bezüglich der den Beamten aus der Staatskasse zu gewährenden Tagegelder und Reisekosten ergangen sind, mit der Maßgabe Anwendung, daß die im Art. I des gegenwärtigen Gesetzes bestimmten Sätze nicht überschritten werden dürfen.

Die Bestimmungen im Art. I §§ 1 und 4 Nr. I und II des gegenwärtigen Gesetzes finden jedoch auf diejenigen Beamten, welche unter den § 2 des Gesetzes, betreffend die den Medizinalbeamten für die Besorgung gerichtsärztlicher, medizinal- oder sanitätspolizeilicher Geschäfte zu gewährenden Vergütungen, vom 9. März 1872 (GS. S. 265) fallen, so lange keine Anwendung, als die Besoldungsverhältnisse derselben nicht anderweitig geregelt sein werden.

Art. VI. Dieses Gesetz tritt mit dem 1. Oktober 1897 in Kraft.

37.

Ausführungsbestimmungen[1] zu den Vorschriften über die Tagegelder und Reisekosten der Staatsbeamten. Vom 11. November 1903.

(GS. S. 231.)

Gemäß Artikel IV des Gesetzes vom 21. Juni 1897 (Gesetz-Samml. S. 193) bestimmt das Staatsministerium unter Aufhebung der entgegenstehenden Vorschriften folgendes:

A. Begriff und Ausgangsort einer Dienstreise.

1. Bei einer vom Wohnort angetretenen Dienstreise gilt als Ausgangsort der dienstliche Wohnort des Beamten.

Ist das Dienstgeschäft am tatsächlichen, vom dienstlichen verschiedenen Wohnorte des Beamten oder in einer geringeren Entfernung als 2 Kilometer vom tatsächlichen Wohnort auszuführen, so bleibt der dienstliche Wohnort außer Betracht. Nötigen dienstliche Gründe dazu, die Reise vom dienstlichen Wohnort aus anzutreten, so sind die wirklich entstehenden Auslagen zu erstatten, deren Belegung nicht erforderlich ist.

2. Die Gänge eines Beamten zwischen seinem Wohnort und seiner regelmäßigen Dienststätte sind auch dann nicht als Dienstreisen anzusehen, wenn die Dienststätte 2 Kilometer oder mehr von der Grenze des Wohnorts entfernt liegt.

Ordnet die vorgesetzte Dienstbehörde an, daß der

---

[1] Die Anlagen sind hier nicht mitabgedruckt.

Beamte zur Beschleunigung die sich darbietenden regelmäßigen Beförderungsgelegenheiten benutzt, so sind die ihm wirklich entstehenden Auslagen zu erstatten, deren Belegung nicht erforderlich ist.

3. Bei einer Dienstreise im Zusammenhange mit einer Urlaubsreise [1] wird der Berechnung der Reisekosten nur die dienstlich zurückgelegte Entfernung zugrunde gelegt. Als dienstlich zurückgelegt gilt:

a) beim Anschluß einer Urlaubsreise an eine Dienstreise die Entfernung vom Wohnorte zum Geschäftsort und zurück;

b) beim Anschluß einer Dienstreise an eine Urlaubsreise die Entfernung vom Urlaubsorte nach dem Geschäftsort und von diesem nach dem Wohnort, insoweit als sie diejenige Entfernung übersteigt, die der Beamte auch ohne das Dienstgeschäft zur Rückkehr vom Urlaub hätte zurücklegen müssen;

c) beim Unterbrechen des Urlaubs durch eine Dienstreise die Entfernung vom Urlaubsorte zum Geschäftsort [2] und von diesem zu dem Orte, an welchem der Beamte seinen weiteren Urlaub verbringt, die letztere Entfernung jedoch nur insoweit, als sie nicht größer ist als die erstere;

---

[1] Die Verbindung einer Dienstreise mit einer Urlaubsreise ist wie bisher nur mit Genehmigung der zuständigen Dienstbehörde zulässig.

[2] Auch wenn dies der dienstliche Wohnort ist. — Tagegelder sind über die Reisetage hinaus am Wohnorte nicht zu gewähren.

d) in den Fällen b und c, sofern der Auftrag zu dem Dienstgeschäfte schon vor Antritt der Urlaubsreise erteilt und die Urlaubsreise mit Rücksicht hierauf eingerichtet ist, die Entfernung vom Wohnorte zum Geschäftsort und zurück.

Erfordert die Erledigung des Dienstauftrags für den beurlaubten Beamten überhaupt keine Reise, wie z. B. bei Vornahme des Dienstgeschäfts am Urlaubsorte selbst oder in einer geringeren Entfernung als 2 Kilometer von ihm, so hat der Beamte nur Anspruch auf Tagegelder für die zur Erledigung des Auftrags erforderliche Zeit.

B. Zahl der Reisetage.

1. Dienst- und Versetzungsreisen müssen, sofern die Zahl der Reisetage dadurch beeinflußt werden sollte und nicht besondere dienstliche — bei späterem Antritte der Reise in dem Forderungsnachweise kurz zu erläuternde — Umstände ein anderes bedingen, in den Monaten April bis September von 6 Uhr und in den Monaten Oktober bis März von 7 Uhr morgens ab angetreten werden.

2. Bei Reisen, welche mit der Eisenbahn, der Post oder dem Schiffe begonnen oder beendigt werden, ist, vorbehaltlich der Bestimmung unter Ziffer 3 Abs. 2, für die Berechnung der Zahl der Reisetage die fahrplanmäßige Abgangs- und Ankunftszeit an den Eisenbahn- und Poststationen oder Anlegeplätzen maßgebend. Verspätungen kommen nur insoweit in Betracht, als sie besonders nachgewiesen werden.

3. Bei Reisen, welche nicht mit der Eisenbahn, der Post oder dem Schiff ausgeführt werden, gilt als Zeitpunkt für den Beginn oder die Beendigung die Stunde des Verlassens oder des Wiederbetretens der Wohnung.

Das gleiche gilt, wenn die Entfernung zwischen der Ortsgrenze des Wohnorts und der zugehörigen Eisenbahnstation oder dem Anlegeplatze 2 Kilometer oder mehr beträgt.

4. Soweit die vorhandenen Verkehrsmittel es ermöglichen, sind Dienstreisen ohne andere als die zur Erledigung der Dienstgeschäfte erforderlichen Unterbrechungen zurückzulegen.

Wird eine Unterbrechung durch Krankheit oder andere besondere Umstände notwendig, so werden für die dadurch bedingten Liegetage Tagegelder gezahlt. Eine derartige Unterbrechung ist dem nächsten Dienstvorgesetzten ungesäumt zu melden sowie in dem Forderungsnachweis ersichtlich zu machen und zu begründen.

Zum Zwecke des Übernachtens sind Unterbrechungen nur bei Reisen, deren Zweck eine außergewöhnliche Beschleunigung nicht bedingt, gestattet, und zwar:

a) bei Benutzung von Eisenbahnen oder Schiffen, wenn trotz vorschriftsmäßigen Antritts der Reise (Ziffer 1) nach Lage der bestehenden Verbindungen das Reiseziel erst nach einer zwölfstündigen Reisezeit erreicht werden kann, bei Benutzung von Schiffen außerdem nur unter der ferneren Voraussetzung, daß an Bord keine Schlafeinrichtungen für Reisende vorhanden sind und durch eine Ausschiffung die Reisedauer infolge ungünstiger weiterer Beförderungsgelegenheit nicht wesentlich vergrößert wird;

b) bei Benutzung des Landwegs nach Zurücklegung einer Strecke von 75 Kilometern.

Notwendig gewordene Abweichungen von den zu a und b gegebenen Regeln sind in dem Forderungsnachweise zu erläutern.

Durch Unterbrechungen der Dienstreisen aus privaten Rücksichten dürfen der Staatskasse keinerlei Mehrkosten erwachsen.

5. Zur Reise sind, wenn dadurch Mehrkosten vermieden werden können, auch Sonn- und Feiertage zu benutzen.

Wird die dienstliche Tätigkeit während einer Dienstreise durch Sonn- und Feiertage oder durch besondere dienstliche Umstände unterbrochen, so hat der Beamte auf die Tagegelder für die Aufenthaltstage oder auf die Reisekosten für die Rückkehr zum Wohnort und die nochmalige Reise zum Bestimmungsort Anspruch, je nachdem die Berechnung sich für die Staatskasse vorteilhafter gestaltet.

Das gleiche gilt, wenn bei einer mehrere Tage erfordernden dienstlichen Verrichtung die tägliche Rückkehr an den Wohnort durch dienstliche Gründe oder nach Lage der bestehenden Verbindungen nicht ausgeschlossen ist.

6. Ein Beamter, welcher für die auf der Eisenbahn zurückzulegende Dienstreise an Reisekosten im Inlande 7 Pfennig oder mehr für das Kilometer zu beanspruchen hat, ist zur Benutzung von Schnell- und Durchgangs- (D-) Zügen verpflichtet, wenn dadurch eine im dienstlichen Interesse liegende Abkürzung der gesamten Dauer der Dienstreise ermöglicht oder eine Unterbrechung der Reise vermieden wird.

Die gleiche Verpflichtung haben auch die übrigen Beamten, sofern jene Züge die dritte Wagenklasse führen.

7. Die Weiter- oder Rückreise, namentlich bei kürzeren Reisewegen, ist nach beendetem Dienstgeschäfte möglichst noch an demselben Tage anzutreten, und zwar von den Beamten, welche für Reisen auf Landwegen 60 Pfennig für das Kilometer an Reisekosten erhalten, erforderlichenfalls unter Benutzung der Extrapost oder Lohnfuhrwerk.

Hat das Dienstgeschäft oder die Hinreise nebst dem Dienstgeschäfte 7 Stunden und darüber in Anspruch genommen, so werden unter kürzeren Reisewegen solche verstanden, welche in höchstens 2 Stunden zurückgelegt werden können.

Abweichungen von der Regel sind in dem Forderungsnachweise zu begründen.

C. Benutzung von Kleinbahnen.

1. Als Kleinbahnen gelten die im Reichskursbuch als solche bezeichneten Verkehrsmittel. Sie werden

in nebenbahnähnliche Kleinbahnen und in Straßenbahnen unterschieden. Ob eine Kleinbahn im Sinne der nachstehenden Bestimmungen als nebenbahnähnliche oder als Straßenbahn anzusehen ist, entscheidet im Zweifelsfalle die Angabe im Kursbuche, nötigenfalls der Ressortchef in Gemeinschaft mit dem Finanzminister.

2. Die Beamten sind verpflichtet, bei ihren Dienstreisen Kleinbahnen zu benutzen.

3. Sie erhalten bei Benutzung von nebenbahnähnlichen Kleinbahnen dieselben Reisekosten einschließlich Zu- und Abgangsgebühr, wie bei Benutzung der Eisenbahn.[1]) Bei Benutzung von Straßenbahnen werden ihnen dagegen nur die wirklich verauslagten Beträge für die Fahrt sowie bis zur Höhe der gesetzmäßigen Gebühr auch für Zu- und Abgang erstattet. Eine Belegung ist nicht erforderlich.

4. Ist für eine Reise, die mit einer Kleinbahn hätte zurückgelegt werden können, ein Fuhrwerk, eine Eisenbahn oder ein Schiff benutzt, so ist die etwa höhere Entschädigung hierfür dann zu gewähren, wenn die Benutzung der Kleinbahn im Interesse einer angemessenen Erledigung der Reise ungeeignet gewesen ist.

Als Fälle dieser Art gelten:

---

[1] Wo diese Ausführungsbestimmungen von Eisenbahnen oder Eisenbahnstationen sprechen, sind die nebenbahnähnlichen Kleinbahnen oder deren Anhaltestellen mit inbegriffen, soweit sich nicht etwa ein anderes aus der betreffenden Vorschrift ergibt.

a) wenn durch die Benutzung eines anderen Beförderungsmittels als der Kleinbahn eine erhebliche, im dienstlichen Interesse liegende Zeitersparnis erzielt wird;

b) wenn dadurch eine zweckmäßigere Zeiteinteilung hinsichtlich der zu erledigenden auswärtigen Dienstgeschäfte ermöglicht wird;

c) wenn die Kleinbahn sich zur Beförderung notwendig mitzuführenden Gepäcks nicht eignet;

d) wenn die Kleinbahn mit Rücksicht auf die dienstliche Stellung des Beamten als ein angemessenes Beförderungsmittel nicht zu erachten ist. Kleinbahnen, die mehrere Wagenklassen führen, sind in keinem Falle aus Gründen, welche die dienstliche Stellung des Reisenden betreffen, als ungeeignet zur Benutzung anzusehen.

5. Seitens des Beamten sind in dem Forderungsnachweise die Gründe der Nichtbenutzung der Kleinbahn anzugeben. Die Entscheidung darüber, ob diese Gründe gerechtfertigt sind, steht vorbehaltlich einer abweichenden Anordnung dem Ressortchef in Gemeinschaft mit dem Finanzminister zu.

6. In den Forderungsnachweisen sind benutzte Straßenbahnen als solche ersichtlich zu machen.

D. Voraussetzung für die Gewährung von Reisekosten.

1. Der Wohnort des Beamten und der Bestimmungsort seiner Dienstreise gelten nur dann als mindestens 2 Kilometer von einander entfernt, wenn

sowohl die Entfernung von der Grenze des Wohnorts bis zur Mitte des Bestimmungsorts als auch die Entfernung von der Ortsgrenze des letzteren bis zur Mitte des ersteren mindestens 2 Kilometer beträgt.

Beträgt nur eine dieser Entfernungen 2 Kilometer oder mehr, so kann allein die Erstattung der wirklich verauslagten Reise- und sonstigen Unkosten (Brücken-, Fährgeld) in Frage kommen, und zwar auf Grund besonderer Angaben, deren Belegung jedoch nicht erforderlich ist.

Der Anspruch auf Tagegelder und Reisekosten wird im Falle des ersten Satzes nicht ausgeschlossen, daß die auf Eisenbahn, Kleinbahn oder Schiff zurückzulegende Reisestrecke weniger als 2 Kilometer beträgt.

2. a) Als Ort (Ziffer 1) gilt der hauptsächlich von Gebäuden oder eingefriedigten Grundstücken eingenommene Teil eines Gemeinde-(Guts-)bezirks, sodaß die Ortsgrenze ohne Rücksicht auf vereinzelte Ausbauten oder Anlagen durch die Außenlinie jenes Bezirksteils gebildet wird. Derartig räumlich zusammenhängende, demselben Gemeinde-(Guts-)bezirke angehörende, von Gebäuden oder eingefriedigten Grundstücken eingenommene Flächen gelten auch dann als ein einziger Ort, wenn etwa für einzelne Teile besondere Ortsbezeichnungen üblich sind.

b) Sind in einem Gemeinde-(Guts-)bezirke

mehrere getrennt von einander liegende geschlossene Ortschaften vorhanden, so ist jede Ortschaft für sich als ein Ort anzusehen. Die durch öffentliche Anlagen, Gewässer, Festungswerke und Rayonbeschränkungen bedingten Unterbrechungen des baulichen Zusammenhanges mehrerer Ortsteile bewirken für sich allein keine Trennung des Ortes in mehrere Ortschaften im Sinne dieser Vorschrift.

c) Hat der Beamte seinen dienstlichen Wohnsitz außerhalb eines Ortes (a und b), sei es daß in dem Gemeinde-(Guts-)bezirk, in welchem der Wohnsitz sich befindet, ein durch die geschlossene Lage der Wohnstätten kenntlicher Ortsbering überhaupt nicht vorhanden ist, sei es daß die dem Beamten angewiesene Wohnstätte außerhalb der Grenze des geschlossenen Ortsberinges liegt, so gilt das Wohnhaus des Beamten als Anfangspunkt der Dienstreise.

d) Handelt es sich um die Erledigung eines Dienstgeschäfts an einer bestimmten Stelle außerhalb eines Ortes (a und b), so gilt dieser Punkt als Endpunkt der Dienstreise.

e) In den Fällen zu c und d findet die Bestimmung unter 1 sinngemäße Anwendung.

3. Zur Feststellung der hiernach maßgebenden Entfernungen sind, falls diese Feststellung nicht unter

Benutzung der zu F 5 angegebenen Hilfsmittel erfolgen kann, die Bescheinigungen sachkundiger Behörden und hinsichtlich der im Auslande gemachten Dienstreisen Bescheinigungen der Kaiserlichen Gesandtschaften oder Konsulate beizubringen. Soweit für einen Bezirk durch die zuständigen Regierungen amtliche Entfernungskarten aufgestellt sind, treten diese hinsichtlich der aus ihnen hervorgehenden Entfernungen an die Stelle vorstehender Bescheinigungen.

E. Berechnung der Tagegelder.

1. Der Tag der Abreise sowie der Tag der Ankunft werden als Reisetage gerechnet, unbeschadet der Verpflichtung des Beamten, die Reisetage tunlichst auch zur Erledigung der Dienstgeschäfte zu benutzen.

2. Tagegelder können für ein und denselben Tag auch bei mehreren Reisen nur einmal gewährt werden und zwar, wenn mehrere Reisen an einem und demselben Tage oder an zwei Tagen innerhalb 24 Stunden angetreten und beendet sind, nach den etwa dafür vorgesehenen ermäßigten Sätzen.

3. Ein Beamter, der bei einer vorübergehenden Beschäftigung außerhalb seines Wohnorts die vollen Tagegelder bezieht, erhält daneben bei weiteren Dienstreisen keine Tagegelder.

Bezieht er für eine derartige Beschäftigung hinter den gesetz- oder verordnungsmäßigen zurückbleibende Tagegelder oder eine Bauschvergütung, so erhält er bei weiteren Dienstreisen daneben die gesetz- oder verordnungsmäßigen Tagegelder unverkürzt.

4. Bewegt die Dienstreise eines Beamten, welchem für die Zeit seines Aufenthalts im Auslande höhere Tagegelder als für das Inland bewilligt sind, sich an einem Tage innerhalb und außerhalb des Reichsgebiets, so wird für den Tag des Ueberganges in das Ausland der höhere, für den Tag der Rückkehr in das Inland der niedrigere Tagegeldersatz gewährt. Erfolgt der Uebergang in das Ausland und die Rückkehr in das Inland an demselben Tage, so ist der höhere Tagegeldersatz zu zahlen.

F. Berechnung der Reisekosten.

1. Sind nach D Reisekosten zu gewähren, so ist für ihre Berechnung bei Eisenbahn- oder Schiffswegen die Entfernung von Eisenbahnstation oder Anlegeplatz zu Eisenbahnstation oder Anlegeplatz, bei Landwegen die Entfernung von Ortsmitte zu Ortsmitte maßgebend.

Bestehen in einem Orte mehrere Eisenbahnstationen oder Anlegeplätze, so ist der letzte dieser Punkte des Ausgangsorts und der erste des Endorts der Berechnung zugrunde zu legen. Nähere Bestimmungen für einzelne Orte bleiben vorbehalten.

Für die Berechnung der Entfernung auf dem Landwege tritt in den Fällen zu D 2c und d an die Stelle der Ortsmitte das Wohnhaus des Beamten oder der Endpunkt der Dienstreise.

2. Die Berechnung der Reisekosten erfolgt ohne Rücksicht darauf, welchen Weg der Beamte tatsächlich eingeschlagen und welches Beförderungsmittel er be-

nutzt hat, nach demjenigen Wege, welcher sich für die Staatskasse unter Mitberücksichtigung des Tagegelderbezugs als der mindest kostspielige darstellt und nach dem Zwecke der Reise und den Umständen des besonderen Falles auch von den Beamten wirklich hat benutzt werden können.

Hat der Beamte auf Grund der Bestimmung zu B6 einen Schnell- oder Durchgangszug benutzen müssen, so wird der infolgedessen etwa zurückgelegte weitere Weg der Entfernungsberechnung zugrunde gelegt.

3. Ist nach dem Grundsatze zu 2 im Falle D 1 Abs. 3 dem Forderungsnachweise der Eisenbahn- oder Schiffsweg zugrunde zu legen, so ist die Entfernung auf 2 Kilometer anzunehmen und nach den gesetzlichen Bestimmungen abzurunden.

4. Bei Reisen, die teils auf der Eisenbahn oder zu Schiff, teils auf dem Landwege zurückzulegen sind, werden die Entfernungen für die auf Eisenbahn oder Schiff zurückzulegenden Strecken einerseits und die Landwegstrecken andererseits besonders berechnet und für sich abgerundet, soweit nicht die Vorschriften zu H 1 und 2 entgegenstehen. Beträgt eine der nach vorstehendem gesondert zu berechnenden Strecken im ganzen weniger als 2 Kilometer, so bleibt sie außer Ansatz. Dabei gelten Hin- und Rückreisen als verschiedene Reisen; eine sogenannte Rundreise (§ 5 des Gesetzes vom 24. März 1873) als eine Reise.

5. Für die Feststellung der Entfernungen sind bei Reisen auf Eisenbahnen die Angaben des Reichskurs-

buchs maßgebend. Bei Kleinbahnstrecken, für welche die Entfernungen aus dem Reichskursbuche nicht ersichtlich sind, entscheiden die von den Kleinbahnunternehmungen bekannt gemachten Fahrpläne oder Entfernungstafeln, in deren Ermangelung die amtlichen Entfernungskarten (D 3) oder die Auskunft der Genehmigungs- und Aufsichtsbehörde (§§ 3, 22 des Gesetzes vom 28. Juli 1892).

Bei Reisen auf Schiffen werden der Entfernungsberechnung die Angaben der Post- und Eisenbahnkarte des Deutschen Reichs, und wenn die Entfernungen darauf nicht verzeichnet sind, diejenigen des Reichskursbuchs, bei Reisen auf Landwegen die Angaben der Post- und Eisenbahnkarte zugrunde gelegt. Fehlen solche Angaben, so findet die Vorschrift zu D 3 Anwendung.

6. Soweit Dienstreisen mit unentgeltlich gestellten Verkehrsmitteln ausgeführt werden, sind an Reisekosten vorbehaltlich der Vorschriften zu G 8 nur die bestimmungsmäßigen Entschädigungen für Zu- und Abgang zu gewähren.

Unter unentgeltlich gestellten Verkehrsmitteln sind solche zu verstehen, deren Kosten aus öffentlichen Kassen bestritten werden, bei Reisen auf der Eisenbahn, Kleinbahn oder zu Schiff auch solche, welche dem Beamten mit Rücksicht auf den Zweck der Dienstreise von dritter Seite zur unentgeltlichen Benutzung gestellt worden sind. Freie Beförderung auf Grund besonderer persönlicher Beziehungen zwischen dem Beamten und einem Dritten kommen nicht in Betracht.

Allerhöchste Anordnungen über die Vergütung für Reisen mit den aus Kronfideikommißfonds bezahlten Verkehrsmitteln werden hierdurch nicht berührt.

G. Besondere Bestimmungen über Zu- und Abgang.

1. Ein Zu- und Abgang im Sinne des § 4 I des Gesetzes vom 21. Juni 1897 kann nur bei Dienstreisen entstehen, welche auf Eisenbahnen oder Schiffen gemacht werden.

2. Auch für die Zu- und Abgangsgebühr gelten die Hin- und die Rückreise als besondere Reisen.

3. Die Gebühr enthält die Vergütung für den Zugang und für den Abgang; sie kommt daher, wenn nur ein Zugang oder nur ein Abgang stattfindet, nur im halben Betrage zum Ansatze.

4. In der Regel entsteht ein Zu- und Abgang nur bei der Hinreise und ein zweiter bei der Rückreise.

Ein Zugang entsteht jedoch nicht, wenn die Hin- oder Rückreise bei Eisenbahnreisen vom Bahngebiete, bei Schiffsreisen vom Anlege- oder Liegeplatze, vom Ufer oder von dem Gebiete der Strom- oder Hafenanlagen aus angetreten wird.

Desgleichen entsteht kein Abgang, wenn am Endpunkte der Hin- oder der Rückreise die vorbezeichneten Gebiete nicht verlassen werden müssen.

5. An Zwischenorten entsteht nur dann ein Zu- und Abgang, wenn daselbst übernachtet oder ein Dienstgeschäft vorgenommen und zu diesem Zwecke bei Eisenbahnreisen das Bahngebiet, bei Schiffsreisen der Anlege- oder Liegeplatz, das Ufer oder das Ge-

biet der Strom- oder Hafenanlagen verlassen werden muß.

6. Wenn an Zwischenorten, an denen nicht übernachtet und kein Dienstgeschäft vorgenommen wird, eine Eisenbahnstation, eine Anhaltestelle, ein Anlege- oder Liegeplatz verlassen und die Reise von einer anderen Eisenbahnstation, einer anderen Anhaltestelle, einem anderen Anlege- oder Liegeplatz aus fortgesetzt werden muß oder wenn daselbst ein Übergang von Eisenbahn oder Schiff zur Straßenbahn oder umgekehrt stattfindet, so werden für den Übergang, sofern er nicht mittels durchgehender oder unmittelbar anschließender Züge über eine Verbindungsbahn erfolgen kann, die baren Auslagen in den Grenzen der gesetzmäßigen Gebühr für Zu- und Abgang erstattet. Einer Belegung der Auslagen bedarf es nicht.

Ob an einem Orte mehrere Eisenbahnstationen oder Schiffsanlegeplätze sich befinden sowie darüber, ob zwischen diesen Punkten für den Personenverkehr benutzbare Verbindungsbahnen verhanden sind, entscheidet die Angabe im Reichskursbuche.

7. Falls nach den vorstehenden Bestimmungen unter 4 und 5 ein Zu- oder Abgang ausnahmsweise nicht entsteht, so können demjenigen Beamten, der für die Reise wegen unentgeltlicher Benutzung des Beförderungsmittels Kilometervergütung nicht zu beanspruchen hat, etwa entstandene bare Nebenkosten auf Grund besonderer Angaben erstattet werden, deren Belegung nicht erforderlich ist.

8. Die Gebühr für Zu- und Abgang kann nur

zur Hälfte beansprucht werden, wenn die Beförderung des Beamten nach oder von der Eisenbahnstation, dem Anlege- oder Liegeplatze durch unentgeltliche (vgl. F 6) Gestellung eines Beförderungsmittels erfolgt. Sie ist überhaupt nicht zahlbar, wenn eine derartige Beförderung sowohl nach wie von der Eisenbahnstation, dem Anlege- oder Liegeplatze stattfindet.

H. Straßenbahn- und Landwegstrecken in Verbindung mit Zu- und Abgang.

1. Die Gebühr für Zu- und Abgang schließt die Entschädigung für die Benutzung der Straßenbahn und die Reisekosten für Landweg in sich, sofern die auf der Straßenbahn oder dem Landwege zurückzulegende Entfernung weniger als 2 Kilometer beträgt.

2. Neben der Gebühr oder der Erstattung der baren Auslagen (C 3) für Zu- und Abgang werden die Reisekosten für Landweg nur gewährt, sofern die auf diesem zurückzulegende Entfernung mindestens 2 Kilometer beträgt.

3. Die Entscheidung darüber, ob die Voraussetzung von 1 und 2 vorliegt, erfolgt nach den Grundsätzen zu D. Zutreffenden Falls erfolgt die Berechnung der für die Höhe der Reisekosten maßgebenden Entfernung nach den Vorschriften zu F. Bei diesen Berechnungen tritt an die Stelle des Anfangs- und Endpunkts der Dienstreise der Anfangs- und Endpunkt der Landwegstrecke oder (Ziffer 1) der Straßenbahnfahrt.

4. Wenn nach Verlassen der Eisenbahn oder des Schiffes die Dienstreise Dienstgeschäfte halber oder zum Zwecke des Übernachtens unterbrochen und demnächst auf dem Landwege fortgesetzt wird, so wird die auf letzterem zurückgelegte Entfernung bei Berechnung der Gesamtlandwegstrecke (F 4) selbst dann mitgezählt, wenn sie weniger als 2 Kilometer beträgt.

I. Vorschußzahlung und Forderungsnachweise.

1. Dem Beamten, der eine Dienst- oder Versetzungsreise auszuführen hat, können auf seinen Antrag in Grenzen der Gebühren Vorschüsse gezahlt werden.

2. Die Zahlung der Reisegebührnisse erfolgt auf Grund des Forderungsnachweises, durch dessen Vollziehung der Beamte die Verantwortung für die Richtigkeit der gemachten Angaben übernimmt. Notwendige Erläuterungen über die Zahlbarkeit der Gebühren sind in den Nachweis aufzunehmen. Ebenso sind entstandene notwendige Auslagen erforderlichenfalls zu begründen und, sofern nach vorstehenden Bestimmungen nicht davon abgesehen werden darf, nachzuweisen. Der Beginn und die Beendigung der Dienst- oder Versetzungsreise müssen, sofern die Höhe der Vergütung davon abhängt, nach Tag und Stunde genau angegeben werden. Bei Erhebung eines Vorschusses ist eine Angabe über seine Höhe und die Kasse, aus der er empfangen ist, erforderlich.

3. Der Forderungsnachweis ist von der zuständigen Dienststelle mit der Bescheinigung der Richtigkeit zu versehen, welche das Anerkenntnis der Notwendigkeit der Reise, der geschehenen Ausführung der Dienstgeschäfte, sowie der Angemessenheit der zu den letzteren verwendeten Zeitdauer und der Richtigkeit der angegebenen Dauer überhaupt in sich begreift.

4. Die Aufstellung des Forderungsnachweises soll nach dem als Anlage beigegebenen Muster erfolgen vorbehaltlich der durch besondere Verhältnisse gebotenen Änderungen.

K. Schlußbestimmungen.

Dieser Erlaß findet auf die Dienstreisen Anwendung, welche nach dem 31. Dezember 1903 angetreten werden.

Bei Reisen im Auslande bleiben seine Bestimmungen insoweit außer Anwendung, als dies durch die besonderen Verhältnisse des Auslandes jeweilig geboten ist. Inwieweit dies zutrifft, entscheidet die die Richtigkeit des Forderungsnachweises bescheinigende Dienststelle.

Auf Dienstreisen der gesandtschaftlichen und Konsularbeamten finden die vorstehenden Bestimmungen keine Anwendung.

Berlin, den 11. November 1903.

Königliches Staatsministerium.

38.

Gesetz, betreffend die Umzugskosten der Staatsbeamten. Vom 24. Februar 1877.

(GS. S. 15.)

§ 1. Die Staatsbeamten erhalten bei Versetzungen eine Vergütung für Umzugskosten nach folgenden Sätzen:

		auf allgemeine Kosten.	auf Transportkosten für je 10 Kilometer.
I.	Beamte der ersten Rangklasse	1800 Mark	24 Mark
II.	Beamte der zweiten und dritten Rangklasse . .	1000 „	20 „
III.	Beamte der vierten Rangklasse	500 „	10 „
IV.	Beamte der fünften Rangklasse	300 „	8 „
V.	Beamte, welche nicht zu den obigen Klassen gehören, soweit sie gesetzlich zu einem Tagegeldersatze von 9 Mark berechtigt sind . . .	240 „	7 „
VI.	Subalternbeamte der Provinzial=, Kreis= und Lokalbehörden und andere Beamte gleichen Ranges, welche nicht		

	auf allgemeine Kosten.	auf Transportkosten für je 10 Kilometer.
zu den Beamten der Klasse V. gehören . .	180 Mark	6 Mark
VII. Andere Beamte, welche nicht zu den Unterbeamten zu zählen sind .	150 "	5 "
VIII. Unterbeamte	100 "	4 "

2. Bei Berechnung der Entfernung ist die kürzeste fahrbare Straßenverbindung zu Grunde zu legen. Jede angefangene Strecke von 10 Kilometern wird für volle 10 Kilometer gerechnet.

3.[1] Die nicht etatsmäßig angestellten Beamten erhalten bei Versetzungen nur Tagegelder und Reisekosten. Jedoch sind den im höheren Staatsdienste außeretatsmäßig beschäftigten Assessoren und Räthen Umzugskosten alsdann zu gewähren, wenn sie vor der Versetzung bereits gegen eine fixirte Remuneration dauernd beschäftigt waren. Ob diese Voraussetzungen zur Gewährung von Umzugskosten vorhanden sind, entscheidet der Ressortchef im Einvernehmen mit dem Finanzminister.

4. Die zu Umzugskosten berechtigten Beamten erhalten außer denselben für ihre Person Tagegelder und Reisekosten.

---

[1] Über die Anwendung des Abs. 2 auf die im höheren Staatsdienst außeretatsmäßig beschäftigten Regierungsbaumeister vgl. Gesetz v. 24. August 1896 (GS. S. 173).

Auch ist diesen Beamten der Miethszins zu vergüten, welchen dieselben für die Wohnung an ihrem bisherigen Aufenthaltsorte auf die Zeit von dem Verlassen des letzteren bis zu dem Zeitpunkte haben aufwenden müssen, mit welchem die Auflösung des Miethsverhältnisses möglich war.[1] Diese Vergütung darf längstens für einen neunmonatlichen Zeitraum gewährt werden. Hat der Beamte im eigenen Hause gewohnt, so kann demselben eine Entschädigung bis höchstens zum halbjährigen Betrage des ortsüblichen Miethswerths der innegehabten Wohnung gewährt werden.

5. Beamte ohne Familie erhalten nur die Hälfte der im § 1 festgesetzten Vergütung.

6. Von den Vergütungssätzen (§ 1) kommt derjenige in Anwendung, welchen die Stellung bedingt, aus welcher — nicht in welche — der Beamte versetzt wird.

7. Personen, welche, ohne vorher im Staatsdienste gestanden zu haben, in denselben übernommen werden, kann eine durch den Verwaltungschef im Einvernehmen mit dem Finanzminister festzusetzende Vergütung für Umzugskosten gewährt werden.

---

[1] BGB. § 570. Militärpersonen, Beamte . . . können im Falle der Versetzung nach einem anderen Orte das Miethverhältnis in Ansehung der Räume, welche sie für sich oder ihre Familie an dem bisherigen Garnison- oder Wohnorte gemiethet haben, unter Einhaltung der gesetzlichen Frist kündigen. Die Kündigung kann nur für den Termin erfolgen, für den sie zulässig ist.

8. Auf Wartegeldempfänger, welche wieder in den aktiven Staatsdienst aufgenommen werden, findet dieses Gesetz mit der Maßgabe Anwendung, daß für die Umzugskostenvergütung die Entfernung zwischen dem Wohnorte des Wartegeldempfängers und dem neuen Amtssitze desselben zu Grunde zu legen ist.

9. Die Bestimmungen im § 10 des Gesetzes, betreffend die Tagegelder und Reisekosten der Staatsbeamten, vom 24. März 1873 (GS. S. 122), finden bei Festsetzung der Vergütung für Umzugskosten entsprechende Anwendung.

10. Dieses Gesetz tritt mit dem 1. April 1877 in Kraft. Alle demselben entgegenstehenden Bestimmungen sind aufgehoben, insbesondere der Erlaß vom 26. März 1855, betreffend die Vergütung der den Beamten bei Versetzungen erwachsenden Umzugskosten (GS. S. 190), und das Umzugskosten-Reglement für Steuerbeamte vom Ober-Inspektor abwärts vom 11. April 1856 (Minist.-Bl. für die innere Verw. S. 154). Wo in besonderen Vorschriften auf die hiernach aufgehobenen Bestimmungen Bezug genommen wird, treten die entsprechenden Bestimmungen dieses Gesetzes an deren Stelle.

11. Die besonderen Vorschriften, welche für einzelne Dienstzweige bezüglich der den Beamten aus der Staatskasse zu gewährenden Umzugskosten ergangen sind, bleiben — mit Ausnahme der nach § 10 aufgehobenen — vorläufig in Kraft. Eine Abänderung derselben kann im Wege Königlicher

Verordnung erfolgen. Die in diesem Gesetze bestimmten Sätze dürfen jedoch nicht überschritten werden.[1]

Die Sätze für Gesandtschaftsbeamte können jedoch nach Maßgabe derjenigen Beträge festgesetzt werden, welche für die entsprechenden Beamtenklassen in der auf Grund des § 18 des Reichsgesetzes vom 31. März 1873 (RGBl. S. 61) zu erlassenden Kaiserlichen Verordnung bestimmt werden.[2]

39.

Cirkular und Erlaß der Minister der Finanzen und des Innern, betreffend die Umzugskosten der Staatsbeamten.

Vom 4. Mai 1877.

(MinBl. f. d. i. V. S. 112.)

Nachdem das Gesetz vom 24. Februar d. J., betreffend die Umzugskosten der Staatsbeamten, durch die GS. S. 15 publiziert worden ist, wird in Bezug auf die Anwendung dieses Gesetzes hierdurch Folgendes bestimmt:

---

[1] Verordnungen, betr. die Umzugskosten von Beamten der Staatseisenbahnen und der unter der Verwaltung des Staats stehenden Privateisenbahnen vom 26. Mai 1877 (GS. S. 173), 4. März 1895 (S. 41) und 9. Mai 1902 (S. 141).

Desgl. der Mitglieder der Landgendarmerie v. 27. Januar 1879 (GS. S. 22), und der Oberwachtmeister der Landgendarmerie v. 19. September 1883 (S. 347).

[2] Verordnung, betr. die Tagegelder, die Fuhrkosten und die Umzugskosten der gesandtschaftlichen Beamten v. 1. Mai 1879 (GS. S. 351) und 28. März 1881 (GS. S. 276).

1. Für die Feststellung des Dienstranges der Beamten behufs Zuzählung derselben in die im § 1 des Gesetzes aufgeführten Klassen finden die für das Gesetz vom 12. Mai 1873, betreffend die Wohnungsgelderzuschüsse der Beamten (GS. S. 209) sowie die für das Gesetz vom 24. März 1873, betreffend die Tagegelder und die Reisekosten der Staatsbeamten (GS. S. 122) getroffenen Festsetzungen entsprechende Anwendung. Es wird dabei bemerkt, daß die Klasse VI im § 1 des Umzugskostengesetzes der Klasse IV des Tarifs zum Gesetz vom 12. Mai 1873 entspricht, daß jedoch aus der letztgenannten Klasse diejenigen Beamten ausscheiden und zu der Klasse V im § 1 des Umzugskostengesetzes zu rechnen sind, welche zu den im § 1 Nr. V des Tagegeldergesetzes bezeichneten Beamten gezählt werden.

Zu der Klasse VII im § 1 des Umzugskostengesetzes gehören diejenigen Beamten, welche nach § 1 ad VII im Artikel I des Gesetzes vom 28. Juni 1875, betreffend die Abänderung des Gesetzes vom 24. März 1873 über die Tagegelder und Reisekosten der Staatsbeamten (GS. S. 370) zu einem Tagegeldersatze von 4 Mark 50 Pf.[1] berechtigt sind. Es kommen dabei namentlich die Förster, sowie die Grenz- und Steueraufseher in Betracht.

2. Der Anspruch auf Umzugskosten steht nur den etatsmäßig angestellten Beamten und den im höhern Staatsdienste außeretatsmäßig beschäftigten Assessoren

---

[1] Jetzt von 6 Mk. nach Art. 1 des Ges. v. 21. Juni 1897.

und Räthen in dem Fall zu, wenn sie vor der Versetzung bereits gegen eine fixirte Remuneration dauernd beschäftigt waren (§ 3 des Ges.). Werden Beamte aus einem andern Ressort in die allgemeine Verwaltung als außeretatsmäßige Assessoren oder Räthe übernommen, so ist hinsichtlich der Gewährung von Umzugskosten in jedem Falle die diesseitige Entscheidung einzuholen.

3. Nachdem die bisherige Bestimmung aufgehoben ist, wonach eine Vergütung für Umzugskosten nicht stattfand, wenn die Versetzung lediglich auf den Antrag des Beamten erfolgte, ist es Pflicht der über die Versetzung beschließenden Behörde, die hierauf gerichteten Anträge der Beamten vom allgemeinen dienstlichen Standpunkte einer sorgfältigen Prüfung zu unterziehen. Anträge auf Versetzung unter Bewilligung der Umzugskosten werden in der Regel nur alsdann zu berücksichtigen sein, wenn dadurch neben den persönlichen Wünschen der Antragsteller auch gleichzeitig dem dienstlichen Interesse entsprochen wird. Ob letzteres der Fall ist, bleibt jedesmal genau zu erwägen und ist im Zweifelsfalle die diesseitige Entscheidung einzuholen.

4. Die Erstattung der Miethe (§ 4), welche der versetzte Beamte für seine an dem bisherigen Aufenthaltsorte innegehabte Wohnung vom Tage des Verlassens der letzteren ab noch zu entrichten verpflichtet gewesen ist, hat erst nach vollständiger Auflösung des Miethsverhältnisses zu erfolgen. Die Erstattung erfolgt unter der Voraussetzung, daß der Beamte

nach dem Kontrakte bezw. nachweisbar zu einer früheren Vermiethung nicht in der Lage war, das Leerstehen der Wohnung obrigkeitlich bescheinigt und die Zahlung der Miethe glaubhaft nachgewiesen wird.

War der Beamte durch die vorliegenden Umstände gezwungen, seine Familie noch eine Zeit lang in der früheren Wohnung zurückzulassen, so kann ihm die Miethsentschädigung gleichwohl gewährt werden. Im Uebrigen bleiben alle seither in Bezug auf die Erstattung von Wohnungsmiethe ergangenen allgemeinen Verwaltungsvorschriften in Kraft.

5. Unter „Familie“ im Sinne des § 5 des Gesetzes sind nicht nur Ehefrau, Kinder oder Eltern, sondern auch andere nahe Verwandte und Pflegekinder zu verstehen, sofern der Beamte denselben in seinem Hausstande Wohnung und Unterhalt auf Grund einer gesetzlichen oder moralischen Unterstützungsverbindlichkeit gewährt. Jedenfalls muß ein eigener Hausstand von dem Beamten geführt werden.

6. Die den Beamten bei Versetzungen zustehenden persönlichen Tagegelder und Reisekosten werden nicht, wie die Umzugskosten, nach dem Dienstrange der Stelle, aus welcher, sondern in welche die Versetzung erfolgt, liquidirt.

Die den außeretatsmäßigen verheiratheten Beamten bisher nachgelassene Begünstigung, die persönlichen Reisekosten und Tagegelder auch bei Benutzung von Eisenbahnen oder Dampfschiffen nach dem Landwege liquidiren zu dürfen, ist aufgehoben.

7. Der diesseitigen Ermächtigung zur Zahlung

von Umzugskosten, Miethsentschädigungen, persönlichen Reisekosten und Tagegeldern bedarf es fortan nur noch in den vorstehend zu 2 und 3 bezeichneten Fällen. Die Königliche Regierung wird ermächtigt, für die Folge derartige Zahlungen in andern, als den vorbezeichneten Fällen, auf die hierzu bestimmten etatsmäßigen Fonds selbstständig anzuweisen. Sollten sich hierbei in dem einen oder anderen Punkte Zweifel ergeben, so mag Dieselbe darüber berichten.

40.

Cirkular und Erlaß der Minister der Finanzen und des Innern, die Umzugskosten von Staatsbeamten mit Familie betreffend.

Vom 31. Juli 1881. (MinBl. f. d. i. V. S. 178.)

Auf Grund eines von dem Königlichen Staatsministerium im Einverständnisse mit der Königlichen Oberrechnungskammer gefaßten Beschlusses vom 21. Juni cr. wird hiermit im Anschluß an unsere Cirkularverfügung vom 4. Mai 1877 — MinBl. S. 112 — betreffend die Ausführung des Umzugskostengesetzes vom 24. Februar 1877 (GesS. S. 15) bestimmt, daß die Gewährung des vollen Satzes der Umzugskosten (§§ 1 und 5 des Gesetzes vom 24. Februar 1877) nicht von dem Umstande, daß die Uebersiedelung thatsächlich mit Familie bewirkt worden, sondern

[1] Allgemeine Verfügung des Justizministers gleichen Inhalts v. 2. Juli 1881 (JustMinBl. S. 148).

lediglich davon abhängig zu machen ist, daß der Beamte zur Zeit des Umzugs Familie gehabt hat.

Die Umzugskosten-Liquidationen der Beamten sind daher in Zukunft zutreffenden Falles dahin zu bescheinigen, daß der Betreffende zur Zeit des Umzuges Familie im Sinne der Bestimmung unter Nr. 5 der obengedachten Cirkularverfügung vom 4. Mai 1877 gehabt habe.

41.

Beschlüsse des Königl. Staatsministeriums, betr. die Berechnung der Reise- und Umzugskosten der Staatsbeamten bei Staatsdienstreisen und Versetzungen. Beschluß vom 13. Mai 1884.

(MinBl. f. d. i. V. S. 107.)

Das Königliche Staatsministerium hat beschlossen, daß die Bestimmungen, welche in der anliegenden „Zusammenstellung einiger Grundsätze, nach welchen bei Berechnung der Reise- und Umzugskosten der Reichsbeamten zu verfahren ist“, enthalten sind, in Rücksicht auf die Gleichartigkeit der in Betracht kommenden Preußischen und reichsgesetzlichen Vorschriften und zur Herbeiführung eines gleichmäßigen Verfahrens zwischen den Reichsverwaltungen und den Preußischen Ressorts für die Berechnung der Reisekosten der Preußischen Staatsbeamten nach § 6 der Verordnung vom 15. April 1876 (GS. S. 107) und der Umzugskosten bei Versetzungen nach dem Gesetze vom 24. Februar 1877 (GS. S. 15) in gleichmäßiger Weise zur Anwendung zu bringen sind.

Zusammenstellung einiger Grundsätze, nach welchen bei Berechnung der Reise- und Umzugskosten der Reichsbeamten zu verfahren ist.

Armee-Verordnungsblatt für 1881 S. 134.
Post-Amtsblatt für 1881 S. 390.

(Abschnitte A bis D durch Nr. 37 ersetzt.)

E.

1. Umzugskosten sind nur dann zu vergüten, wenn der Ort, von welchem, und der Ort, nach welchem die Versetzung stattfindet, zu verschiedenen Gemeindebezirken (Garnisonverbänden) gehören.

2. Im Sinne des § 13 der Verordnung vom 21. Juni 1875 ist als kürzeste fahrbare Straßenverbindung der kürzeste fahrbare Landweg anzusehen.[1]

Wenn jedoch der Ort, von welchem, und der Ort, nach welchem die Versetzung des Beamten stattfindet, durch ununterbrochenen Schienenweg oder durch eine ununterbrochene, zur Beförderung von Gütern benutzbare Wasserstraße in kürzerer Entfernung, als auf dem Landwege, verbunden sind, so gilt die kürzeste derartige Verbindung als kürzeste fahrbare Straßenverbindung.

Behufs Ermittelung der maßgebenden kürzesten fahrbaren Straßenverbindung sind die 2 km oder mehr betragenden Entfernungen zwischen dem Anfangs- oder Endort des Umzugs und dem zugehörigen gleichnamigen Bahnhof als Schienenweg, solche

---

[1] Zu vergleichen § 2 des Gesetzes v. 24. Februar 1877 (GS. S. 15).

Theilstrecken, auf welchen beladene Wagen mittels Schiffs, Trajekts, Fähre 2c. zu Wasser befördert werden, als fahrbarer Landweg in Anrechnung zu bringen.

IX. Abgabenverhältnisse.

42.

Einkommensteuergesetz.[1]
Vom 24. Juni 1891.

(GS. S. 175.)

§ 1. Einkommensteuerpflichtig sind:

1. die Preußischen Staatsangehörigen,

mit Ausnahme derjenigen,

c) welche, ohne in Preußen einen Wohnsitz zu haben, seit mehr als zwei Jahren sich im Auslande dauernd aufhalten.

Auf Reichs- und Staatsbeamte, welche im Auslande ihren dienstlichen Wohnsitz haben und dort zu entsprechenden direkten Staatssteuern nicht herangezogen werden, findet die Ausnahme unter c keine Anwendung;

2. Ohne Rücksicht auf Staatsangehörigkeit, Wohn-

---

[1] Daneben kommt noch das Ergänzungssteuergesetz v. 14. Juli 1893 (GS. S. 134) in Betracht. Vgl. auch Ausführungsanweisung des Finanzministers v. 6. Juli 1900.

sitz oder Aufenthalt unterliegen der Einkommensteuer alle Personen mit dem Einkommen

a) aus den von der Preußischen Staatskasse gezahlten Besoldungen, Pensionen und Wartegeldern;

b) aus Preußischem Grundbesitz . . . .

6. Von der Besteuerung sind ausgeschlossen:

4. der das persönliche pensionsberechtigende Gehalt übersteigende Theil des dienstlichen Einkommens derjenigen Staats- und Reichsbeamten und Offiziere, welche ihren dienstlichen Wohnsitz im Auslande haben. Sofern dieselben im Auslande zu entsprechenden direkten Staatssteuern herangezogen werden, bleibt auch das persönliche pensionsberechtigende Gehalt frei;

5. die auf Grund gesetzlicher Vorschrift den Kriegsinvaliden gewährten Pensionserhöhungen und Verstümmelungszulagen, sowie die mit Kriegsdekorationen verbundenen Ehrensolde.

15. Das Einkommen aus Gewinn bringender Beschäftigung, sowie aus Rechten auf periodische Hebungen und Vortheile irgend welcher Art umfaßt insbesondere den Verdienst der Arbeiter, Dienstboten und Gewerbegehülfen, die Besoldung der Militärpersonen und Beamten jeder Art, ferner den Gewinn aus schriftstellerischer, künstlerischer, wissenschaftlicher, unterrichtender oder erziehender Thätigkeit, sowie Wartegelder, Pensionen und sonstige fortlaufende Einnahmen, welche nicht als Jahresrenten eines beweglichen oder unbeweglichen Vermögens anzu-

sehen sind, endlich solche Rentenbezüge, welche an die Person des Empfangsberechtigten geknüpft sind.

Das Einkommen aus Dienstwohnungen ist nach dem ortsüblichen Miethswerthe, jedoch nicht höher als mit fünfzehn vom Hundert des baaren Gehalts des Berechtigten in Ansatz zu bringen. Soweit Dienstwohnungen vermiethet sind, ist der Miethszins nach Maßgabe der Bestimmungen im § 13 Abs. 2 anzurechnen.

Bei Militärpersonen, Reichsbeamten, unmittelbaren und mittelbaren Staatsbeamten, Geistlichen und Lehrern an öffentlichen Unterrichtsanstalten ist der zur Bestreitung des Dienstaufwandes bestimmte Theil des Diensteinkommens außer Ansatz zu lassen.

65. Die veranlagte Steuer ist nicht zu erheben:

2. von dem Diensteinkommen der Reichs- und Staatsbeamten und Offiziere während der Zugehörigkeit derselben zur Besatzung eines zum auswärtigen Dienst bestimmten Schiffs oder Fahrzeuges der Kaiserlichen Marine, und zwar vom Ersten desjenigen Monats ab, welcher auf den Monat folgt, in welchem die heimischen Gewässer verlassen werden, bis zum Ablauf des Monats, in welchem die Rückkehr in dieselben erfolgt.

43.
Gesetz wegen Beseitigung der Doppelbesteuerung. Vom 13. Mai 1870.

(BGBl. S. 119.)

§ 4. Gehalt, Pension und Wartegeld, welche Norddeutsche Militairpersonen und Civilbeamte, sowie deren Hinterbliebene aus der Kasse eines Bundesstaates beziehen, sind nur in demjenigen Staate zu besteuern, welcher die Zahlung zu leisten hat.

44.
Kommunalabgabengesetz. Vom 14. Juli 1893.

(GS. S. 152.)

§ 24. Den Steuern vom Grundbesitz sind die in der Gemeinde belegenen bebauten und unbebauten Grundstücke unterworfen, mit Ausnahme

k) der Dienstgrundstücke und Dienstwohnungen der Geistlichen, Kirchendiener und Volksschullehrer, soweit ihnen bisher Steuerfreiheit zugestanden hat.

Alle sonstigen, nicht auf einem besonderen Rechtstitel beruhenden Befreiungen (§ 21), insbesondere auch diejenigen der Dienstgrundstücke und Dienstwohnungen der Beamten, sind aufgehoben.

Ist ein Grundstück oder Gebäude nur theilweise zu einem öffentlichen Dienste oder Gebrauche bestimmt, so bezieht sich die Befreiung nur auf diesen Theil.

41. Die Heranziehung der unmittelbaren und mittelbaren Staatsbeamten, Beamten des Königlichen Hofes, der Geistlichen, Kirchendiener und Elementarschullehrer, sowie der Wittwen und Waisen dieser Personen zu Einkommen- und Aufwandssteuern (§ 23) wird durch besonderes Gesetz geregelt. Bis zum Erlasse dieses Gesetzes kommen die Bestimmungen der Verordnung,[1] betreffend die Heranziehung der Staatsdiener zu den Kommunalauflagen in den neu erworbenen Landestheilen, vom 23. September 1867 (GS. S. 1648) mit der Maßgabe zur Anwendung, daß das nothwendige Domizil außer Berücksichtigung bleibt.

45.

Kreisordnung für die Provinzen Ost- und Westpreußen, Brandenburg, Pommern, Schlesien und Sachsen,[2] vom $\frac{\text{13. Dezember 1872}}{\text{19. März 1881}}$.

(GS. von 1881 S. 180.)

§ 18. Bis zur anderweiten gesetzlichen Regelung bleiben die Dienstgrundstücke der Geistlichen, Kirchendiener und Elementarschullehrer gleichfalls von den Kreislasten befreit. Auch ist bis zu dieser Regelung die Besteuerung des Diensteinkommens der unmittelbaren und mittelbaren Staatsbeamten nur nach Maßgabe der §§ 2 und 3 des Gesetzes vom 11. Juli 1822 (GS. S. 184) und nur insoweit zulässig, als

---

[1] Folgt unter Nr. 46.

[2] Dementsprechend auch für die anderen Provinzen.

die Beiträge derselben zu den Bedürfnissen der Gemeinden ihres Wohnortes nicht bereits das in den gedachten Gesetzesvorschriften bestimmte Maximum erreichen, und auch dann nur innerhalb der Grenzen der letzteren.[1] Ebenso findet der § 10 des Gesetzes vom 11. Juli 1822 auf die Heranziehung zu den Kreisabgaben Anwendung.

46.

Verordnung, betr. die Heranziehung der Staatsdiener zu den Kommunal-Auflagen in den neu erworbenen Landestheilen.

Vom 23. September 1867. (GS. S. 1648.)

Wir Wilhelm rc. rc. verordnen für die durch die Gesetze vom 20. Sept. und 24. Dez. 1866 mit Unserer Monarchie vereinigten Landestheile, mit Ausnahme des Gemeindegebietes der Stadt Frankfurt a. M. um die Staatsdiener in diesen Landestheilen bezüglich ihrer Beitragspflicht zu den Kommunalbedürfnissen den Staatsdienern in der übrigen Monarchie nach Maaßgabe der Grundsätze des Gesetzes vom 11. Juli 1822 gleichzustellen, auf den Antrag Unseres Staatsministeriums, was folgt:

§ 1. Von allen direkten Kommunalauflagen, sowohl der einzelnen bürgerlichen Stadt- und Landgemeinden, als der weiteren kommunalen Körperschaften (Amtsbezirke, Distriktsgemeinden, Armendistrikte, Wegeverbände u. s. w.) und der kreis-, kom-

---

[1] Gilt gemäß § 107 der ProvOrdn. v. 29. Juni 1875 (GS. S. 1881 S. 234) auch für die Provinzialabgaben.

munal- und provinzialständischen Verbände sind vollständig befreit:

1. die servisberechtigten Militärpersonen des aktiven Dienststandes, sowohl hinsichtlich ihres dienstlichen als sonstigen Einkommens; nur zu den auf den Grundbesitz oder das stehende Gewerbe, oder auf das aus diesen Quellen fließende Einkommen gelegten Kommunallasten müssen auch sie beitragen, wenn sie in dem Kommunalbezirk Grundbesitz haben oder ein stehendes Gewerbe betreiben.

   Militärärzte genießen rücksichtlich ihres Einkommens aus einer Civilpraxis die Befreiung nicht;
2. die auf Inaktivitätsgehalt gesetzten oder mit Pension zur Disposition gestellten Offiziere hinsichtlich ihrer Gehalts- und sonstigen dienstlichen Bezüge;
3. die Geistlichen und Elementarlehrer hinsichtlich ihrer Besoldungen und Emolumente, einschließlich der Ruhegehälter, ingleichen die unteren Kirchendiener, wo und soweit den letzteren eine derartige Befreiung seither rechtsgültig zugestanden hat;
4. die verabschiedeten Beamten und nicht zu der Kategorie unter Nr. 2 gehörigen Militärpersonen hinsichts ihrer aus Staatsfonds oder sonstigen öffentlichen Kassen zahlbaren Pensionen und laufenden Unterstützungsbezüge, ebenso die Beamten hinsichts ihrer Warte-

gelder, sofern der jährliche Betrag solcher Bezüge für Einen Empfänger die Summe von 250 Rthlr. nicht erreicht;

die hinterbliebenen Wittwen und Waisen der unter 1 bis 4 genannten Personen hinsichts ihrer aus Staatsfonds oder aus einer öffentlichen Versorgungskasse zahlbaren Pensionen und laufenden Unterstützungen;

6. die Sterbe- und Gnadenmonate;
7. alle diejenigen Dienst-Emolumente, welche blos als Ersatz baarer Auslagen zu betrachten sind.

2. Zu den Beamten im Sinne dieser Verordnung gehören alle, in unmittelbaren Diensten des Staats oder der demselben untergeordneten Obrigkeiten, Kollegien, kommunalen und ständischen Korporationen stehende, mit fester Besoldung angestellte, beziehentlich in Ruhestand getretene öffentliche Beamte, einschließlich der Militär- und Hofbeamten; dagegen nicht diejenigen, welche nur als außerordentliche Gehülfen vorübergehend im öffentlichen Dienst beschäftigt werden.

3. Die Beamten (§ 2) können von ihrem Diensteinkommen einschließlich der Warte- und Ruhegehälter, ebenso die Militärpersonen von ihren Pensionen — wenn nicht ein Fall der gänzlichen Befreiung nach § 1 vorliegt — zu direkten Kommunal-Auflagen (§ 1) nur insoweit herangezogen werden, als diese von allen Pflichtigen nach dem

Maaßstabe des persönlichen Einkommens erhoben werden.

4. Das Diensteinkommen wird in solchen Fällen nur halb so hoch als anderes gleich hohes persönliches Einkommen der Steuerpflichtigen veranlagt.

Wenn die Veranlagung nicht unmittelbar den Einkommensbetrag zur Grundlage hat, so ist, unter Genehmigung der Aufsichtsbehörde des besteuernden kommunalen Verbandes, das Einschätzungsverfahren dergestalt besonders zu regeln, daß der vorstehende Grundsatz analog zur Anwendung kommt.

Das Diensteinkommen von zufälligen Emolumenten wird gleich dem festen Gehalte besteuert; zu diesem Behufe wird nöthigenfalls der Betrag derselben in runder Summe durch die vorgesetzte Dienstbehörde festgestellt.

5. An kommunalen Auflagen aller Art (§ 1) dürfen äußersten Falls, im Gesammtbetrage, bei Besoldungen (§ 3) unter 250 Thaler nicht mehr als Ein Prozent, bei Besoldungen von 250 bis 500 Thaler ausschließlich nicht mehr als anderthalb Prozent, und bei höheren Besoldungen nicht mehr als zwei Prozent des gesammten Diensteinkommens jährlich gefordert werden.

Die hiernach etwa nöthige Ermäßigung der nach § 4 berechneten Steuerbeträge trifft, im Fall der Konkurrenz mehrerer kommunaler Verbände, die zuletzt zur Hebung gestellte Forderung, mehrere noch nicht entrichtete Forderungen aber nach Verhältniß ihrer Höhe.

6. Auf Staatssteuern und Staatslasten, welche gemeindeweise abgetragen werden, finden die Bestimmungen dieser Verordnung keine Anwendung.

7. Die gemäß §§ 3 bis 5 den Staatsdienern obliegende Beitragspflicht zu den Kommunalabgaben erstreckt sich auf alle diejenigen Beträge der letzteren, welche innerhalb der Zeit, da der Pflichtige dem betreffenden kommunalen Verbande angehört, auf ihn vertheilt und auch fällig werden, nicht aber auf später fällige.

8. [1]

9. Von ihrem etwanigen besonderen Vermögen haben auch die nach § 3 begünstigten Staatsdiener, ebenso die Offiziere der unter § 1 Nr. 2 bezeichneten Kategorie, die Geistlichen und Elementarlehrer, ihre Beiträge zu den Kommunallasten gleich anderen Angehörigen der betreffenden Verbände zu entrichten.

10. Durch die nach den vorstehenden Bestimmungen zu bemessenden Geldbeiträge sind die Pflichtigen zugleich von persönlichen Kommunaldiensten frei. Sind sie jedoch Besitzer von Grundstücken, oder betreiben sie ein stehendes Gewerbe, so müssen sie die mit diesem Grundbesitz oder Gewerbe verbundenen persönlichen Dienste entweder selbst oder durch Stellvertreter leisten.

Geistliche und Elementarlehrer bleiben von allen persönlichen Gemeindediensten, soweit dieselben nicht auf ihnen gehörigen Grundstücken lasten, befreit;

---

[1] Ersetzt durch § 41 des Gesetzes Nr. 44.

untere Kirchendiener insoweit, als ihnen diese Befreiung seither rechtsgültig zustand.

11. Zu den indirekten Gemeinde-Abgaben müssen auch die nach §§ 1 bis 5 begünstigten Personen gleich anderen Gemeinde-Einwohnern beitragen. Sie sind nicht befugt, was sie hierauf entrichten, bei ihren direkten Kommunalbeiträgen in Anrechnung zu bringen.

Die Militär-Speise-Einrichtungen und ähnliche Anstalten bleiben indessen von Verbrauchssteuern in dem, in den altpreußischen Landestheilen bestehenden Umfange befreit.

12. Alle entgegenstehenden gesetzlichen Bestimmungen werden aufgehoben.

Wo jedoch weitergehende Immunitäten für Beamte, Militärs, Geistliche oder Lehrer nach statutarischem Recht oder besonderen Privilegien bestehen, soll in denselben hierdurch nichts geändert werden.

13. Gegenwärtige Verordnung tritt mit dem 30. September d. J., unter Anwendung auf alle von diesem Tage an zur Ausschreibung gelangenden direkten Kommunal-Auflagen, in Kraft.

Der Minister des Innern wird mit Ausführung derselben beauftragt.

X. Pensions- und Fürsorgewesen.

47.

Pensions-Gesetz.
Vom 27. März 1872.

(GS. S. 268)

— in der durch die Novellen[1] vom 31. März 1882, 30. April 1884 (GS. S. 126) und 20. März 1890 (S. 43) geänderten Fassung. —

§ 1. Jeder unmittelbare Staatsbeamte, welcher sein Diensteinkommen aus der Staatskasse bezieht, erhält aus derselben eine lebenslängliche Pension, wenn er nach einer Dienstzeit von wenigstens zehn Jahren in Folge eines körperlichen Gebrechens oder wegen Schwäche seiner körperlichen oder geistigen Kräfte zu der Erfüllung seiner Amtspflichten dauernd unfähig ist und deshalb in den Ruhestand versetzt wird.

Ist die Dienstunfähigkeit die Folge einer Krankheit, Verwundung oder sonstigen Beschädigung,[2]

---

[1] Hinsichtlich der Novelle von 1882 siehe den Abdruck hinter diesem Gesetze; die Novelle von 1884 hat an die Stelle des § 10 Nr. 2 und der §§ 21 bis 23 neue, oben eingerückte Vorschriften treten lassen; die Novelle von 1890 hat nur den § 19 Abs. 1 geändert.

Nicht mitaufgenommen ist die auf die Pensionierung der Lehrer und Schulbeamten sich beschränkende Novelle vom 25. April 1896 (GS. S. 87).

[2] Siehe ferner das Gesetz, betreffend die Fürsorge für Beamte infolge von Betriebsunfällen hinten Nr. 50.

welche der Beamte bei Ausübung des Dienstes oder aus Veranlassung desselben ohne eigene Verschuldung sich zugezogen hat, so tritt die Pensionsberechtigung auch bei kürzerer als zehnjähriger Dienstzeit ein.

Bei Staatsministern, welche aus dem Staatsdienste ausscheiden, ist eingetretene Dienstunfähigkeit nicht Vorbedingung des Anspruchs auf Pension. Diese Bestimmung findet gleichfalls Anwendung auf diejenigen Beamten, welche das fünfundsechzigste Lebensjahr vollendet haben.

2. Die unter dem Vorbehalte des Widerrufs oder der Kündigung angestellten Beamten haben einen Anspruch auf Pension nach Maßgabe dieses Gesetzes nur dann, wenn sie eine in den Besoldungsetats aufgeführte Stelle bekleiden.

Es kann ihnen jedoch, wenn sie eine solche Stelle nicht bekleiden, bei ihrer Versetzung in den Ruhestand eine Pension bis auf Höhe der durch dieses Gesetz bestimmten Sätze bewilligt werden.

3. Die bei den Auseinandersetzungsbehörden beschäftigten Oekonomiekommissarien und Feldmesser, sowie die bei den Landesmeliorationen beschäftigten Wiesenbautechniker und Wiesenbaumeister haben nur insoweit einen Anspruch auf Pension, als ihnen ein solcher durch den Departementschef besonders beigelegt worden ist.

Wie vielen dieser Beamten und nach welchen Diensteinkommensätzen die Pensionsberechtigung beigelegt werden darf, wird durch den Staatshaushalts-Etat bestimmt. Für jetzt bewendet es bei den hierüber durch Königliche Erlasse gegebenen Vorschriften.

4. Das gegenwärtige Gesetz findet auch auf die Oberwachtmeister und Gendarmen der Landgendarmerie Anwendung; dagegen erfolgt die Pensionirung der Offiziere der Landgendarmerie nach den für die Offiziere des Reichsheeres geltenden Vorschriften.

5. Beamte, deren Zeit und Kräfte durch die ihnen übertragenen Geschäfte nur nebenbei in Anspruch genommen, oder welche ausdrücklich nur auf eine bestimmte Zeit oder für ein seiner Natur nach vorübergehendes Geschäft angenommen werden, erwerben keinen Anspruch auf Pension nach den Bestimmungen dieses Gesetzes.

Darüber, ob eine Dienststellung eine solche ist, daß sie die Zeit und Kräfte eines Beamten nur nebenbei in Anspruch nimmt, entscheidet mit Ausschluß des Rechtsweges die dem Beamten vorgesetzte Dienstbehörde.

6. Auf die Lehrer an den Universitäten ist dieses Gesetz nicht anwendbar.

Dagegen sind die Bestimmungen desselben anzuwenden auf alle Lehrer und Beamten an Gymnasien, Progymnasien, Realschulen, Schullehrer-Seminarien, Taubstummen- und Blinden-Anstalten, Kunst- und höheren Bürgerschulen. Wegen Aufbringung der Pension für diejenigen unter ihnen, deren Pension nicht aus allgemeinen Staatsfonds zu gewähren ist, kommen die Vorschriften der Verordnung vom 28. Mai 1846 (Gesetz-Samml. S. 214) zur Anwendung.

7. Wird außer dem im zweiten Absatz des § 1 bezeichneten Falle ein Beamter vor Vollendung des zehnten Dienstjahres dienstunfähig und deshalb in den Ruhestand versetzt, so kann demselben bei vorhandener Bedürftigkeit mit Königlicher Genehmigung eine Pension entweder auf bestimmte Zeit oder lebenslänglich bewilligt werden.

8.[1] Die Pension beträgt, wenn die Versetzung in den Ruhestand nach vollendetem zehnten, jedoch vor vollendetem elften Dienstjahre eintritt, $^{15}/_{60}$ und steigt von da ab mit jedem weiter zurückgelegten Dienstjahre um $^{1}/_{60}$ des in den §§ 10 bis 12 bestimmten Diensteinkommens.

Ueber den Betrag von $^{45}/_{60}$ dieses Einkommens hinaus findet eine Steigerung nicht statt.

In dem im § 1 Absatz 2 erwähnten Falle beträgt die Pension $^{15}/_{60}$, in dem Falle des § 7 höchstens $^{15}/_{60}$ des vorbezeichneten Diensteinkommens.

9. Bei jeder Pension werden überschießende Thalerbrüche auf volle Thaler abgerundet.

10. Der Berechnung der Pension wird das von dem Beamten zuletzt bezogene gesammte Diensteinkommen, soweit es nicht zur Bestreitung von Repräsentations- oder Dienstaufwandskosten gewährt

---

[1] Wegen der Kommunalbeamten vgl. Gesetze v. 1. März 1891 (GS. S. 19) und 30. Juli 1899 (S. 141).

wird, nach Maßgabe der folgenden näheren Bestimmungen zu Grunde gelegt.[1]

1. Feststehende Dienstemolumente, namentlich freie Dienstwohnung, sowie die anstatt derselben gewährte Miethsentschädigung, Feuerungs- und Erleuchtungsmaterial, Naturalbezüge an Getreide, Winterfutter u. s. w., sowie der Ertrag von Dienstgrundstücken kommen nur insoweit zur Anrechnung, als deren Werth in den Besoldungsetats auf die Geldbesoldung des Beamten in Rechnung gestellt, oder zu einem bestimmten Geldbetrage als anrechnungsfähig bezeichnet ist.
2. Dienstemolumente, welche ihrer Natur nach steigend und fallend sind, werden nach den in den Besoldungs-Etats oder sonst bei Verleihung des Rechts auf diese Emolumente deshalb getroffenen Festsetzungen und in Ermangelung solcher Festsetzungen nach ihrem durchschnittlichen Betrage während der drei letzten Etatsjahre vor dem Etatsjahre, in welchem die Pension festgesetzt wird, zur Anrechnung gebracht.
3. Blos zufällige Diensteinkünfte, wie widerrufliche Tantième, Kommissionsgebühren, außerordentliche Remunerationen, Gratifikationen und dergleichen kommen nicht zur Berechnung.

---

[1] Wegen Anrechnung des Wohnungsgeldzuschusses vgl. § 10 des Gesetzes v. 12. Mai 1873, oben Nr. 27.

4. Das gesammte zur Berechnung zu ziehende Diensteinkommen einer Stelle darf den Betrag des höchsten Normalgehalts derjenigen Dienstkategorie, zu welcher die Stelle gehört, nicht übersteigen.

Ohne diese Beschränkung kommen jedoch solche Gehaltstheile oder Besoldungszulagen, welche zur Ausgleichung eines von dem betreffenden Beamten in früherer Stellung bezogenen Diensteinkommens demselben mit Pensionsberechtigung gewährt sind, zur vollen Anrechnung.

5. Wenn das nach den Bestimmungen dieses Paragraphen ermittelte Einkommen eines Beamten insgesammt mehr als 4000 Rthlr. beträgt, wird von dem überschießenden Betrag nur die Hälfte in Anrechnung gebracht.

11. Ein Beamter, welcher früher ein mit einem höheren Diensteinkommen verbundenes Amt bekleidet und dieses Einkommen wenigstens Ein Jahr lang bezogen hat, erhält, sofern der Eintritt oder die Versetzung in ein Amt von geringerem Diensteinkommen nicht lediglich auf seinen im eigenen Interesse gestellten Antrag erfolgt oder als Strafe auf Grund des § 16 des Gesetzes, betreffend die Dienstvergehen der nicht richterlichen Beamten u. s. w., vom 21. Juli 1852 (Gesetz-Samml. S. 465), oder des § 1 des Gesetzes, betreffend einige Abänderungen des Gesetzes über die Dienstvergehen der Richter vom 7. Mai 1851 u. s. w., vom 22. März 1856 (Gesetz-

Samml. S. 201) gegen ihn verhängt ist, bei seiner Versetzung in den Ruhestand eine nach Maßgabe des früheren höheren Diensteinkommens unter Berücksichtigung der gesammten Dienstzeit berechnete Pension; jedoch soll die gesammte Pension das letzte pensionsberechtigte Diensteinkommen nicht übersteigen.

12. Das mit Nebenämtern oder Nebengeschäften verbundene Einkommen begründet nur dann einen Anspruch auf Pension, wenn eine etatsmäßige Stelle als Nebenamt bleibend verliehen ist.

13. Die Dienstzeit[1] wird vom Tage der Ableistung des Diensteides gerechnet. Kann jedoch ein Beamter nachweisen, daß seine Vereidigung erst nach dem Zeitpunkte seines Eintritts in den Staatsdienst stattgefunden hat, so wird die Dienstzeit von diesem Zeitpunkte an gerechnet.

14.[2] Bei Berechnung der Dienstzeit kommt auch die Zeit in Anrechnung, während welcher ein Beamter:

1. unter Bezug von Wartegeld im einstweiligen Ruhestand nach Maßgabe der Vorschriften des Gesetzes vom 21. Juli 1852 § 87 Nr. 2 (GS. S. 465), der Erlasse vom 14. Juni 1848 (GS. S. 153) und 24. Oktober 1848 (GS. S. 338)

---

[1] S. Anlage zum Erlaß v. 10. April 1883 (MinBl. f. d. i. V. S. 56) bezw. 1. Mai 1883 (JustMinBl. S. 139).

[2] Für die Beamten des Kunstgewerbemuseums zu Berlin siehe Gesetz v. 19. Juli 1886 (GS. S. 205).

und der Verordnung vom 23. September 1867 § 1 Nr. 4 (GS. S. 1619), oder

2. im Dienste des Norddeutschen Bundes oder des Deutschen Reichs sich befunden hat, oder
3. als anstellungsberechtigte ehemalige Militärperson nur vorläufig oder auf Probe im Civildienste des Staats, des Norddeutschen Bundes oder des Deutschen Reichs beschäftigt worden ist, oder
4. eine praktische Beschäftigung außerhalb des Staatsdienstes ausübte, insofern und insoweit diese Beschäftigung vor Erlangung der Anstellung in einem unmittelbaren Staatsamte Behufs der technischen Ausbildung in den Prüfungsvorschriften ausdrücklich angeordnet ist, oder
5. als Lehrer (§ 6) das vorgeschriebene Probejahr abhielt.

15. Der Civildienstzeit wird die Zeit des aktiven Militärdienstes[1] hinzugerechnet.

16. Die Dienstzeit, welche vor den Beginn des einundzwanzigsten Lebensjahres fällt, bleibt außer Berechnung.

Nur die in die Dauer eines Krieges fallende und bei einem mobilen oder Ersatztruppentheile abgeleistete Militärdienstzeit kommt ohne Rücksicht auf das Lebensalter zur Anrechnung.

---

[1] Siehe auch Schutztruppen-Ges. v. 18. Juli 1896 (RGBl. S. 653) § 11.

Als Kriegszeit gilt in dieser Beziehung die Zeit vom Tage einer angeordneten Mobilmachung, auf welche ein Krieg folgt, bis zum Tage der Demobilmachung.

17. Für jeden Feldzug,[1] an welchem ein Beamter im Preußischen oder im Reichsheer oder in der Preußischen oder Kaiserlichen Marine derart Theil genommen hat, daß er wirklich vor den Feind gekommen oder in dienstlicher Stellung den mobilen Truppen in das Feld gefolgt ist, wird demselben zu der wirklichen Dauer der Dienstzeit Ein Jahr zugerechnet.

Ob eine militärische Unternehmung in dieser Beziehung als ein Feldzug anzusehen ist, und inwie-

---

[1] Folgende Feldzüge kommen besonders in Anrechnung: der Feldzug von 1848 in Schleswig-Holstein, Allerh. Erlaß v. 20. Novbr. 1848 (MinBl. f. d. i. V. S. 395, Just.-MinBl. S. 456); der Kampf von 1848 in Posen, Allerh. Erlaß v. 13. Februar 1849 (MinBl. f. d. i. V. S. 54, Just.-MinBl. S. 133); der Feldzug von 1849 in Schleswig und Jütland sowie in der Pfalz und in Baden, Allerh. Erlaß v. 6. November 1849 (MinBl. f. d. i. V. S. 292, JustMinBl. S. 483); der Kampf von 1849 im Königreich Sachsen zur Unterdrückung des dortigen Aufstandes, Allerh. Erlaß v. 6. Mai 1858 (MinBl. f. d. i. V. S. 149, JustMinBl. S. 210); die Feldzüge von 1848, 1849 und 1850 für die ehemals fremdländischen, in den Preußischen Dienst übernommenen Offiziere und Mannschaften, Allerh. Erlaß v. 7. Februar 1867 (MinBl. f. d. i. V. S. 51); der Feldzug von 1864 gegen Dänemark, Allerh. Erlaß v. 18. Dezember 1864 (MinBl. f. d. i. V. 1865 S. 21, JustMinBl. 1865 S. 10); der Feldzug von 1866 gegen Österreich, Allerh. Erlaß v. 6. November 1866 (JustMinBl.

fern bei Kriegen von längerer Dauer mehrere Kriegsjahre in Anrechnung kommen sollen, dafür ist die nach § 23 des Reichsgesetzes vom 27. Juni 1871 (RGBl. S. 275) in jedem Falle ergehende Bestimmung des Kaisers maßgebend.

Für die Vergangenheit bewendet es bei den hierüber durch Königliche Erlasse gegebenen Vorschriften.

18. Die Zeit

a) eines Festungsarrestes von einjähriger und längerer Dauer, sowie

b) der Kriegsgefangenschaft

kann nur unter besonderen Umständen mit Königlicher Genehmigung angerechnet werden.

19. Mit Königlicher Genehmigung kann zukünftig

1871 S. 150) und v. 11. Februar 1875 (MinBl. f. d. i. V. S. 154 und JustMinBl. S. 133); die Feldzüge von 1870 und 1871 gegen Frankreich, Allerh. Erlaß v. 16. Mai 1871 (MinBl. f. d. i. V. 1871 S. 159, JustMinBl. S. 151).

Wegen der Expedition nach China 1900/01 vgl. den Kaiserlichen Erlaß vom 8. August 1901 (Armee-Verordnungsblatt S. 326).

Wegen der militärischen Aktionen in den Schutzgebieten u. a., welche als Feldzüge gelten, siehe folgende im Marineverordnungsblatt veröffentlichte Kaiserliche Erlasse:

a) Kamerun: v. 4. Juli 1885 (S. 102), 5. September 1892 S. 195), 18. Juli 1896;

b) Ostafrika: v. 19. November 1889 (S. 83), 24. Oktober 1891 (S. 265), 5. Dezember 1892 (S. 267), 17. April 1893 (S. 81), 2. August 1894 (S. 172), 5. September 1895 (S. 227), 18. Juli 1896;

c) Samoainseln: 19. November 1889 (S. 83); ferner

d) Südwestafrika 29. September 1904 (RGBl. S. 381).

nach Maßgabe der Bestimmungen in den §§ 13 bis 18 angerechnet werden:

1. die Zeit, während welcher ein Beamter
   a) sei es im In- oder Auslande als Sachwalter oder Notar fungirt, im Gemeinde-, Kirchen- oder Schuldienste, im ständischen Dienste, oder im Dienste einer landesherrlichen Haus- oder Hofverwaltung sich befunden, oder
   b) im Dienste eines fremden Staates gestanden hat;
2. die Zeit praktischer Beschäftigung außerhalb des Staatsdienstes, insofern und insoweit diese Beschäftigung vor Erlangung der Anstellung in einem unmittelbaren Staatsamte herkömmlich war.

Die Anrechnung der unter 1. erwähnten Beschäftigung muß erfolgen bei denjenigen Beamten, welche mit den im Jahre 1866 erworbenen Landestheilen in den unmittelbaren Staatsdienst übernommen worden sind, sofern dieselben auf diese Anrechnung nach den bis dahin für sie maßgebenden Pensionsvorschriften einen Rechtsanspruch hatten.

20. Zum Erweise der Dienstunfähigkeit eines seine Versetzung in den Ruhestand nachsuchenden Beamten ist die Erklärung der demselben unmittelbar vorgesetzten Dienstbehörde erforderlich, daß sie nach pflichtmäßigem Ermessen den Beamten für unfähig halte, seine Amtspflichten ferner zu erfüllen.[1]

---

[1] Zirkularverfügung, das Verfahren bei der Vorbereitung

Inwieweit noch andere Beweismittel zu erfordern, oder, der Erklärung der unmittelbar vorgesetzten Behörde entgegen für ausreichend zu erachten sind, hängt von dem Ermessen der über die Versetzung in den Ruhestand entscheidenden Behörde ab.

21. Die Bestimmung darüber, ob und zu welchem Zeitpunkte dem Antrage eines Beamten auf Versetzung in den Ruhestand stattzugeben ist, erfolgt durch den Departementschef.

Bei denjenigen Beamten, welche durch den König zu ihren Aemtern ernannt worden sind, ist die Genehmigung des Königs zur Versetzung in den Ruhestand erforderlich.

Für die Beamten derjenigen Kategorien, deren Anstellung durch eine dem Departementschef nachgeordnete Behörde erfolgt, kann der Departementschef letzterer oder der ihr vorgesetzten Behörde die Bestimmung über den Antrag auf Versetzung in den Ruhestand übertragen.

22. Die Entscheidung darüber, ob und welche Pension einem Beamten bei seiner Versetzung in den Ruhestand zusteht, erfolgt durch den Departementschef in Gemeinschaft mit dem Finanzminister.

Dieselben können die Befugniß zu dieser Entscheidung derjenigen dem Departementschef nachgeordneten Behörde übertragen, welcher die Be-

---

der Pensionierung von Zivilbeamten betreffend v. 24. September 1874 (MinBl. f. d. i. V. S. 249).

stimmung über die Versetzung des Beamten in den Ruhestand zusteht (§ 21 Absatz 3).

23. Die Beschreitung des Rechtsweges gegen die Entscheidung darüber, ob und welche Pension einem Beamten bei seiner Versetzung in den Ruhestand zu gewähren ist, steht dem Beamten offen, doch muß die Entscheidung des Departementschefs und des Finanzministers der Klage vorhergehen, und letztere sodann bei Verlust des Klagerechts innerhalb sechs Monaten, nachdem dem Beamten diese Entscheidung bekannt gemacht ist, erhoben werden. Der Verlust des Klagerechts tritt auch dann ein, wenn nicht von dem Beamten, über dessen Anspruch auf Pension die dem Departementschef nachgeordnete Behörde Entscheidung getroffen hat (§ 22 Absatz 2), gegen diese Entscheidung binnen gleicher Frist die Beschwerde an den Departementschef und den Finanzminister erhoben ist.

24. Die Versetzung in den Ruhestand tritt, sofern nicht auf den Antrag oder mit ausdrücklicher Zustimmung des Beamten ein früherer Zeitpunkt festgesetzt wird, mit dem Ablauf des Viereljahres ein, welches auf den Monat folgt, in welchem dem Beamten die Entscheidung über seine Versetzung in den Ruhestand und die Höhe der ihm etwa zustehenden Pension (§ 22) bekannt gemacht worden ist.

25. Die Pensionen werden monatlich im Voraus gezahlt.

26. Das Recht auf den Bezug der Pension kann weder abgetreten noch verpfändet werden.

In Ansehung der Beschlagnahme der Pensionen bleiben die bestehenden Bestimmungen in Kraft.[1]

27. Das Recht auf den Bezug der Pension ruht:

1. wenn ein Pensionair das Deutsche Indigenat[2] verliert, bis zu etwaiger Wiederanlangung desselben;
2. wenn und so lange eine Pensionair im Reichs- oder Staatsdienste ein Diensteinkommen bezieht, insoweit als der Betrag dieses neuen Diensteinkommens unter Hinzurechnung der Pension den Betrag des von dem Beamten vor der Pensionirung bezogenen Diensteinkommens übersteigt.

28. Ein Pensionair, welcher in eine an sich zur Pension berechtigende Stellung des unmittelbaren Staatsdienstes wieder eingetreten ist (§ 27 Nr. 2), erwirbt für den Fall des Zurücktretens in den Ruhestand den Anspruch auf Gewährung einer nach Maßgabe seiner nunmehrigen verlängerten Dienstzeit und des in der neuen Stellung bezogenen Diensteinkommens berechneten Pension nur dann, wenn die neu hinzutretende Dienstzeit wenigstens ein Jahr betragen hat.

Mit der Gewährung einer hiernach neu berechneten Pension fällt bis auf Höhe des Betrages der-

---

[1] Siehe jetzt § 850 der Zivilprozeßordnung oben Nr. 30.

[2] Reichsverfassung v. 16. April 1871, Art. 3 (RGBl. S. 64) u. Gesetz über die Erwerbung und den Verlust der Bundes- und Staatsangehörigkeit v. 1. Juni 1870 (BGBl. S. 355).

selben das Recht auf den Bezug der früher bezogenen Pensionen hinweg.

Dasselbe gilt, wenn ein Pensionair im Deutschen Reichsdienste eine Pension erdient.

29. Die Einziehung, Kürzung oder Wiedergewährung der Pension auf Grund der Bestimmungen in den §§ 27 und 28 tritt mit dem Beginn desjenigen Monats ein, welcher auf das, eine solche Veränderung nach sich ziehende Ereigniß folgt.

Im Falle vorübergehender Beschäftigung im Reichs- oder im Staatsdienste gegen Tagegelder oder eine anderweite Entschädigung wird die Pension für die ersten sechs Monate dieser Beschäftigung unverkürzt, dagegen vom siebenten Monate ab nur zu dem nach den vorstehenden Bestimmungen zulässigen Betrage gewährt.

30. Sucht ein nicht richterlicher Beamter, welcher das fünfundsechzigste Lebensjahr vollendet hat, seine Versetzung in den Ruhestand nicht nach, so kann diese nach Anhörung des Beamten unter Beobachtung der Vorschriften der §§ 20ff. dieses Gesetzes in der nämlichen Weise verfügt werden, wie wenn der Beamte seine Pensionirung selbst beantragt hätte.

Im Uebrigen behält es in Ansehung der unfreiwilligen Versetzung in den Ruhestand und des dabei stattfindenden Verfahrens bei den Bestimmungen in den §§ 56—64 des Gesetzes, betreffend die Dienstvergehen der Richter und die unfreiwillige Versetzung derselben auf eine andere Stelle oder in den Ruhestand, vom 7. Mai 1851 (GS. S. 218) und in den §§ 88—93 des Gesetzes, betreffend die Dienstvergehen der nicht richterlichen Beamten, die Versetzung derselben auf eine andere Stelle oder in den Ruhestand, vom 21. Juli 1852 (GS. S. 465) sein Bewenden.

Wird hiernach gemäß § 90 des letzterwähnten Gesetzes von dem Rechtsmittel des Rekurses an das Staatsministerium Gebrauch gemacht, so läuft die sechsmonatliche Frist zur Anstellung der Klage wegen unrichtiger Festsetzung des Pensionsbetrages (§ 2 des Gesetzes, betreffend die Erweiterung des Rechtsweges, vom 24. Mai 1861, GS. S. 241) erst von dem Tage, an welchem dem Beamten die Entscheidung des Staatsministeriums bekannt gemacht ist.

31. Hinterläßt ein Pensionair eine Wittwe oder eheliche Nachkommen, so wird die Pension noch für den auf den Sterbemonat folgenden Monat gezahlt.

An wen die Zahlung erfolgt, bestimmt die Provinzialbehörde, auf deren Etat die Pension übernommen war.

Die Zahlung der Pension für den auf den Sterbemonat folgenden Monat kann auf Verfügung dieser Behörde auch dann stattfinden, wenn der Verstorbene Eltern, Geschwister, Geschwisterkinder oder Pflegekinder, deren Ernährer er gewesen ist, in Bedürftigkeit hinterläßt, oder wenn der Nachlaß nicht ausreicht, um die Kosten der letzten Krankheit und der Beerdigung zu decken.

Der über den Sterbemonat hinaus gewährte einmonatliche Betrag der Pension kann nicht Gegenstand einer Beschlagnahme sein.[1]

32. Ist die nach Maßgabe dieses Gesetzes bemessene Pension geringer als die Pension, welche dem Beamten hätte gewährt werden müssen, wenn er am 31. März 1872 nach den bis dahin für ihn geltenden Bestimmungen pensionirt worden wäre, so wird diese letztere Pension an Stelle der ersteren bewilligt.

33. Den in Folge der Aufhebung der Patrimonialgerichtsbarkeit aus dem Privatgerichtsdienst in den unmittelbaren Staatsdienst übernommenen oder bereits vor dieser Aufhebung in den unmittelbaren Staatsdienst übergegangenen Beamten wird die Zeit des Privatgerichtsdienstes nach Maßgabe der Bestimmungen des gegenwärtigen Gesetzes angerechnet.

Den vormals Schleswig-Holsteinischen Beamten wird die Zeit, welche sie als beeidigte Sekretaire oder Volontaire bei den Oberbeamten zugebracht haben, bei Feststellung ihrer Dienstzeit mit angerechnet.

34. Die Zeit, während welcher ein Beamter in den neu erworbenen Landestheilen oder ein mit einem solchen Landestheile übernommener Beamter auch in einem anderen Theile des Landes, welchem seine Heimath vor der Vereinigung mit Preußen angehört hat, im unmittelbaren Dienste der damaligen Landesherrschaft gestanden hat, wird in

[1] Vgl. Anm. zu § 26.

allen Fällen bei der Pensionirung nach Maßgabe des gegenwärtigen Gesetzes in Anrechnung gebracht.

35. Hinsichtlich der Hohenzollernschen, in den Preußischen Staatsdienst übernommenen Beamten bleiben die Bestimmungen unter Nr. 2 und 3 des Erlasses vom 26. August 1854 (GS. 1855 S. 33) in Kraft.

36. Zusicherungen, welche in Bezug auf dereinstige Bewilligung von Pensionen an einzelne Beamte oder Kategorien von Beamten durch den König oder einen der Minister gemacht worden sind, bleiben in Kraft.

Doch finden auf Beamte, hinsichtlich deren durch Staatsverträge die Bewilligung von Pensionen nach den Grundsätzen fremdländischer Pensionsbestimmungen zugesichert worden ist, die Vorschriften des gegenwärtigen Gesetzes insoweit Anwendung, als sie für die Beamten günstiger sind.

37. Die im § 79 des Gesetzes, betreffend die Verfassung und Verwaltung der Städte und Flecken in der Provinz Schleswig-Holstein, vom 14. April 1869 (GS. S. 589) festgestellte Verpflichtung der Staatskasse zur antheiligen Uebernahme der Pensionen städtischer Beamten wird durch das gegenwärtige Gesetz nicht berührt.

38. Das gegenwärtige Gesetz tritt mit dem 1. April 1872 in Kraft. Mit diesem Zeitpunkte treten, soweit nicht durch § 32 Ausnahmen bedingt werden, alle den Vorschriften dieses Gesetzes entgegenstehenden

Bestimmungen, insbesondere das Pensionsreglement für die Civil-Staatsdiener vom 30. April 1825 und die dasselbe ergänzenden, erläuternden und abändernden Bestimmungen außer Kraft. Wo in den bestehenden Gesetzen und Verordnungen auf dieselben Bezug genommen wird, kommen die Bestimmungen des gegenwärtigen Gesetzes zur Anwendung.

48.

Gesetz, betreffend die Abänderung des Pensionsgesetzes vom 27. März 1872.
Vom 31. März 1882.

(GS. S. 133.)

Artikel I.

An die Stelle des § 1 Absatz 3, des § 8, des § 16 Absatz 1 und des § 30 Absatz 1 des Pensionsgesetzes vom 27. März 1872 (Gesetz-Samml. S. 268) treten folgende Vorschriften.

— Die neuen Vorschriften sind in das Pensionsgesetz (Nr. 47) eingerückt und deshalb hier fortgeblieben. —

Artikel II.

Ist die nach Maßgabe dieses Gesetzes bemessene Pension geringer als die Pension, welche dem Beamten hätte gewährt werden müssen, wenn er am 31. März 1882 nach den bis dahin für ihn geltenden Bestimmungen pensionirt worden wäre, so wird diese letztere Pension an Stelle der ersteren bewilligt.

Artikel III.

Die Vorschriften dieses Gesetzes finden ausschließlich Anwendung auf unmittelbare Staatsbeamte und die in dem zweiten Absatze des § 6 des Pensionsgesetzes vom 27. März 1872 genannten Lehrer und Beamten.

Artikel IV.

Das gegenwärtige Gesetz tritt mit dem 1. April 1882 in Kraft.

49.

Pensionstabelle.

Dieselbe ist zunächst nur für die Beamten der 2. bis 5. Rangklasse aufgestellt; für die übrigen Beamtenklassen (mit Ausnahme der Unterbeamten) würde zum Gehalt ein durchschnittlicher Wohnungsgeldzuschuß von 327 Mark, für die Unterbeamten ein solcher von 126 Mark hinzuzurechnen und die Pension auf einen durch 3 teilbaren Markbetrag nach oben hin abzurunden sein. Zu beachten ist es für alle Fälle, daß die Dienstzeit, welche vor den Beginn des einundzwanzigsten Lebensjahres fällt, außer Berechnung bleibt.

Pensions-

Bei einem pensionsberechtigten Einkommen			Die Pension beträgt					
an Gehalt	an durchschnittlichem Wohnungsgeldzuschuß	von zusammen	10 ten	11 ten	12 ten	13 ten	14 ten	15 ten
			Dienstjahre					
			15/60	16/60	17/60	18/60	19/60	20/60
ℳ	ℳ	ℳ	ℳ	ℳ	ℳ	ℳ	ℳ	ℳ
2400	525	2925	732	780	831	879	927	975
2700	525	3225	807	861	915	969	1023	1077
3000	525	3525	882	912	999	1059	1119	1176
3300	525	3825	957	1020	1086	1149	1212	1275
3600	525	4125	1032	1101	1170	1239	1308	1377
3900	525	4425	1107	1182	1254	1329	1404	1476
4200	525	4725	1182	1260	1341	1419	1497	1575
4500	525	5025	1257	1341	1425	1509	1593	1677
4800	525	5325	1332	1422	1509	1599	1689	1776
5100	525	5625	1407	1500	1596	1689	1782	1875
5400	525	5925	1482	1581	1680	1779	1878	1977
5700	525	6225	1557	1662	1764	1869	1974	2076
6000	525	6525	1632	1740	1851	1959	2067	2175
6600	525	7125	1782	1902	2019	2139	2259	2376
7200	525	7725	1932	2061	2190	2319	2448	2577
7500	690	8190	2049	2184	2322	2457	2595	2730
8400	690	9090	2274	2424	2577	2727	2880	3030
9300	690	9990	2499	2664	2832	2997	3165	3330
10200	690	10890	2724	2904	3087	3267	3450	3630
11000	690	11690	2925	3120	3315	3507	3702	3897
14000	690	14690 (13345)	3339	3561	3783	4005	4227	4449

tabelle.

nach zurückgelegtem

16 ten	17 ten	18 ten	19 ten	20 sten	21 sten	22 sten	23 sten	24sten	25sten
Dienstjahre									
21/60 ℳ	22/60 ℳ	23/60 ℳ	24/60 ℳ	25/60 ℳ	26/60 ℳ	27/60 ℳ	28/60 ℳ	29/60 ℳ	30/60 ℳ
1026	1074	1122	1170	1221	1269	1317	1365	1416	1464
1131	1185	1239	1290	1344	1398	1452	1506	1560	1614
1236	1293	1353	1410	1470	1530	1587	1647	1704	1764
1341	1404	1467	1530	1596	1659	1722	1785	1851	1914
1446	1515	1584	1650	1719	1788	1857	1926	1995	2064
1551	1626	1693	1770	1845	1920	1992	2067	2139	2214
1656	1734	1812	1890	1971	2049	2127	2205	2286	2364
1761	1845	1929	2010	2094	2178	2262	2346	2430	2514
1866	1953	2043	2130	2220	2310	2397	2487	2574	2664
1971	2064	2157	2250	2346	2439	2532	2625	2721	2814
2076	2175	2274	2370	2469	2568	2667	2766	2865	2964
2181	2283	2388	2490	2595	2700	2802	2907	3009	3114
2286	2394	2502	2610	2721	2829	2937	3015	3156	3264
2496	2613	2733	2850	2970	3090	3207	3327	3444	3564
2706	2835	2964	3090	3219	3348	3477	3606	3735	3864
2868	3003	3141	3276	3414	3549	3687	3822	3960	4095
3183	3333	3486	3636	3789	3939	4092	4242	4395	4545
3498	3663	3831	3996	4164	4329	4497	4662	4830	4995
3813	3993	4176	4356	4539	4719	4902	5082	5265	5445
4092	4287	4482	4677	4872	5067	5262	5457	5652	5847
4671	4896	5118	5340	5562	5784	6006	6228	6453	6675

Bei einem pensionsberechtigten Einkommen			Die Pension beträgt					
an Gehalt	an durchschnittlichem Wohnungsgeldzuschuß	von zusammen	26 sten	27 sten	28 sten	29 sten	30 sten	31 sten
			Dienstjahre					
			$^{31}/_{60}$	$^{32}/_{60}$	$^{33}/_{60}$	$^{34}/_{60}$	$^{35}/_{60}$	$^{36}/_{60}$
ℳ	ℳ	ℳ	ℳ	ℳ	ℳ	ℳ	ℳ	ℳ
2400	525	2925	1512	1560	1611	1659	1707	1755
2700	525	3225	1668	1722	1776	1830	1884	1935
3000	525	3525	1824	1881	1941	1998	2058	2115
3300	525	3825	1977	2040	2106	2169	2232	2295
3600	525	4125	2133	2202	2271	2340	2409	2475
3900	525	4425	2289	2361	2436	2508	2583	2655
4200	525	4725	2442	2520	2601	2679	2757	2835
4500	525	5025	2598	2682	2766	2850	2934	3015
4800	525	5325	2754	2841	2931	3018	3108	3195
5100	525	5625	2907	3000	3096	3189	3282	3375
5400	525	5925	3063	3162	3261	3360	3459	3555
5700	525	6225	3219	3321	3426	3528	3633	3735
6000	525	6525	3372	3480	3591	3699	3807	3915
6600	525	7125	3684	3801	3921	4038	4158	4275
7200	525	7725	3993	4122	4251	4380	4509	4635
7500	690	8190	4233	4368	4506	4641	4779	4914
8400	690	9090	4698	4848	5001	5151	5304	5454
9300	690	9990	5163	5328	5496	5661	5829	5994
10200	690	10890	5628	5808	5991	6171	6354	6534
11000	690	11690	6042	6237	6432	6627	6822	7014
14000	690	14690 (13345)	6897	7119	7341	7563	7785	8007

nach zurückgelegtem

32 sten	33 sten	34 sten	35 sten	36 sten	37 sten	38 sten	39 sten	40 sten
Dienstjahre								
37/60	38/60	39/60	40/60	41/60	42/60	43/60	44/60	45/60
ℳ	ℳ	ℳ	ℳ	ℳ	ℳ	ℳ	ℳ	ℳ
1806	1854	1902	1950	2001	2049	2097	2145	2196
1989	2043	2097	2151	2205	2259	2313	2367	2421
2175	2235	2292	2352	2409	2469	2529	2586	2646
2361	2424	2487	2550	2616	2679	2742	2805	2871
2544	2613	2682	2751	2820	2889	2958	3027	3096
2730	2805	2877	2952	3024	3099	3174	3246	3321
2916	2994	3072	3150	3231	3309	3387	3465	3546
3099	3183	3267	3351	3435	3519	3603	3687	3771
3285	3375	3462	3552	3639	3729	3819	3906	3996
3471	3564	3657	3750	3846	3939	4032	4125	4221
3654	3753	3852	3951	4050	4149	4248	4347	4446
3840	3945	4047	4152	4254	4359	4464	4566	4671
4026	4134	4242	4350	4461	4569	4677	4785	4896
4395	4515	4632	4752	4869	4989	5109	5226	5346
4764	4893	5022	5151	5280	5409	5538	5667	5796
5052	5187	5325	5460	5598	5733	5871	6006	6144
5607	5757	5910	6060	6213	6363	6516	6666	6819
6162	6327	6495	6660	6828	6993	7161	7326	7494
6717	6897	7080	7260	7443	7623	7806	7986	8169
7209	7404	7599	7794	7989	8184	8379	8574	8769
8232	8454	8676	8898	9120	9342	9564	9789	10011

50.

Gesetz, betreffend die Fürsorge für die Wittwen und Waisen der unmittelbaren Staatsbeamten.[1] Vom 20. Mai 1882.

(GS. S. 298.)

— in der durch die Novelle[2] vom 1. Juni 1897 (GS. S. 169) geänderten Fassung. —

§ 1. Unmittelbare Staatsbeamte, welche Diensteinkommen oder Wartegeld aus der Staatskasse beziehen[3] und welchen beim Eintritt der Voraussetzungen der Versetzung in den Ruhestand nach Erfüllung der erforderlichen Dienstzeit Pension aus der Staatskasse gebühren würde, sowie in den Ruhestand versetzte unmittelbare Staatsbeamte, welche kraft gesetzlichen Anspruchs oder auf Grund des § 7 des Pensionsgesetzes vom 27. März 1872 (GS. S. 268) lebenslängliche Pension aus der Staatskasse beziehen, sind verpflichtet,[4] Wittwen- und Waisengeldbeiträge zur Staatskasse zu entrichten.

---

[1] Ausführungsbestimmungen v. 5. Juni, 7. Juli u. 27. Sept. 1882 (MinBl. f. d. i. V. S. 100, 171, 248, JustMinBl. S. 159, 1883 S. 139 und 1886 S. 123) sowie v. 30. Dez. 1884 (MinBl. f. d. i. V. 1885 S. 7, JustMinBl. S. 35).

[2] Hierdurch hat § 8 seine jetzige Fassung und § 12 den neuen Abs. 3 erhalten.

[3] Auch wenn das Recht auf den Bezug zeitweilig ruht, wie bei den Reichsbevollmächtigten für Zölle und Steuern und den Stationskontrolleuren oder preußischen Beamten, welche bei den Hauptzollämtern in Lübeck und Bremen, sowie bei der Verwaltung der indirekten Steuern im Großherzogtum Luxemburg angestellt sind.

[4] Jetzt nicht mehr, s. Gesetz v. 28. März 1888 Nr. 51.

Diese Verpflichtung erstreckt sich nicht auf

1. Beamte, denen ein Pensionsanspruch nur auf Grund der Vorschrift in dem zweiten Absatze des § 3 der Verordnung vom 6. Mai 1867 (GS. S. 713) zusteht;
2. Beamte, welche nur nebenamtlich im Staatsdienst angestellt sind;
3. diejenigen Beamten, welche nur auf Grund des § 79 des Gesetzes, betreffend die Verfassung und Verwaltung der Städte und Flecken in der Provinz Schleswig-Holstein, vom 14. April 1869 (GS. S. 589) ein Einkommen aus der Staatskasse beziehen;
4. die mit Bewilligung von Wartegeld oder Pension aus einer der unter Ziffer 1 bis 3 bezeichneten Stellungen ausgeschiedenen, sowie diejenigen Beamten, welche nur auf Grund einer nach dem ersten Absatz des § 36 des Pensionsgesetzes vom 27. März 1872 in Kraft gebliebenen Zusicherung eine Pension aus der Staatskasse beziehen.

2—4.[1]

5. Die Verpflichtung zur Entrichtung der Wittwen- und Waisengeldbeiträge erlischt:

1. mit dem Tode des Beamten, vorbehaltlich der im § 2 getroffenen Bestimmungen;
2. wenn der Beamte ohne Pension aus dem

[1] Fallen fort infolge Ges. v. 28. März 1888.

Dienste scheidet oder mit Belassung eines Theiles derselben aus dem Dienste entlassen wird;

3. wenn der Beamte in den Ruhestand versetzt und ihm auf Grund des § 7 des Pensionsgesetzes vom 27. März 1872 eine Pension auf bestimmte Zeit bewilligt ist;
4. für den Beamten, welcher weder verheirathet ist, noch unverheirathete eheliche oder durch nachgefolgte Ehe legitimirte Kinder unter 18 Jahren besitzt, mit dem Zeitpunkte der Versetzung in den Ruhestand;
5. für den pensionirten Beamten mit dem Ablauf desjenigen Monats, in welchem die unter Ziffer 4 bezeichnete Voraussetzung zutrifft. Durch eine nach der Pensionirung geschlossene Ehe oder durch das Vorhandensein von Kindern aus einer solchen wird das Erlöschen der Verpflichtung nicht gehindert.

6. Die zur Zeit des Inkrafttretens dieses Gesetzes pensionirten Beamten, welche weder verheirathet sind, noch unverheirathete eheliche oder durch nachgefolgte Ehe legitimirte Kinder unter 18 Jahren besitzen, sind von Entrichtung der Wittwen- und Waisengeldbeiträge befreit. Eine nach der Pensionirung geschlossene Ehe, sowie Kinder aus einer solchen kommen hierbei nicht in Betracht.

7. Die Wittwe und die hinterbliebenen ehelichen oder durch nachgefolgte Ehe legitimirten Kinder eines zur Zeit seines Todes zur Entrichtung von Wittwen- und Waisengeldbeiträgen verpflichteten Be-

amten erhalten aus der Staatskasse Wittwen- und Waisengeld nach Maßgabe der nachfolgenden Bestimmungen.

8. Das Wittwengeld besteht in vierzig vom Hundert derjenigen Pension, zu welcher der Verstorbene berechtigt gewesen ist oder berechtigt gewesen sein würde, wenn er am Todestage in den Ruhestand versetzt wäre.

Das Witwengeld soll jedoch, vorbehaltlich der im § 10 verordneten Beschränkung, mindestens zweihundert und sechszehn Mark betragen und für Wittwen der Staatsminister und Beamten der ersten Rangklasse dreitausend Mark, für Wittwen der Beamten der zweiten und dritten Rangklasse zweitausendfünfhundert Mark und für Wittwen der übrigen Beamten zweitausend Mark nicht übersteigen.

Ueber die Zugehörigkeit zu einer Rangklasse entscheiden die Bestimmungen des § 2 Abs. 1 bis 3 des Gesetzes, betreffend die Gewährung von Wohnungsgeldzuschüssen an die unmittelbaren Staatsbeamten, vom 12. Mai 1873 (GS. S. 209).

9. Das Waisengeld beträgt:

1. für Kinder, deren Mutter lebt und zur Zeit des Todes des Beamten zum Bezuge von Wittwengeld berechtigt war, ein Fünftel des Wittwengeldes für jedes Kind;
2. für Kinder, deren Mutter nicht mehr lebt oder zur Zeit des Todes des Beamten zum Bezuge von Wittwengeld nicht berechtigt war, ein Drittel des Wittwengeldes für jedes Kind.

10. Wittwen- und Waisengeld dürfen weder einzeln noch zusammen den Betrag der Pension übersteigen, zu welcher der Verstorbene berechtigt gewesen ist oder berechtigt gewesen sein würde, wenn er am Todestage in den Ruhestand versetzt wäre.

Bei Anwendung dieser Beschränkung werden das Wittwen- und das Waisengeld verhältnißmäßig gekürzt.

11. Bei dem Ausscheiden eines Wittwen- und Waisengeldberechtigten erhöht sich das Wittwen- oder Waisengeld der verbleibenden Berechtigten von dem nächstfolgenden Monat an insoweit, als sie sich noch nicht im vollen Genuß der ihnen nach den §§ 8 bis 10 gebührenden Beträge befinden.

12. War die Wittwe mehr als 15 Jahre jünger als der Verstorbene, so wird das nach Maßgabe der §§ 8 und 10 berechnete Wittwengeld für jedes angefangene Jahr des Altersunterschiedes über 15 bis einschließlich 25 Jahre um 1/20 gekürzt.

Auf den nach § 9 zu berechnenden Betrag des Waisengeldes sind diese Kürzungen des Wittwengeldes ohne Einfluß.

Nach fünfjähriger Dauer der Ehe wird für jedes angefangene Jahr ihrer weiteren Dauer dem gekürzten Betrage 1/20 des nach Maßgabe der §§ 8 und 10 zu berechnenden Wittwengeldes so lange hinzugesetzt, bis der volle Betrag wieder erreicht ist.

13. Keinen Anspruch auf Wittwengeld hat die Wittwe, wenn die Ehe mit dem verstorbenen Beamten innerhalb dreier Monate vor seinem Ableben geschlossen und die Eheschließung zu dem Zwecke er-

folgt ist, um der Wittwe den Bezug des Wittwengeldes zu verschaffen.

Keinen Anspruch auf Wittwen- und Waisengeld haben die Wittwe und die hinterbliebenen Kinder eines pensionirten Beamten aus solcher Ehe, welche erst nach der Versetzung des Beamten in den Ruhestand geschlossen ist.

14. Stirbt ein zur Entrichtung von Wittwen- und Waisengeldbeiträgen verpflichteter Beamter, welchem, wenn er am Todestage in den Ruhestand versetzt wäre, auf Grund des § 7 des Pensionsgesetzes vom 27. März 1872 eine Pension hätte bewilligt werden können, so kann der Wittwe und den Waisen desselben von dem Departementschef in Gemeinschaft mit dem Finanzminister Wittwen- und Waisengeld bewilligt werden.

Stirbt ein zur Entrichtung von Wittwen- und Waisengeldbeiträgen verpflichteter Beamter, welchem nach den §§ 18 und 19 des Pensionsgesetzes vom 27. März 1872 im Falle seiner Versetzung in den Ruhestand die Anrechnung gewisser Zeiten auf die in Betracht kommende Dienstzeit hätte bewilligt werden können, so ist der Departementschef in Gemeinschaft mit dem Finanzminister befugt, eine solche Anrechnung auch bei Festsetzung des Wittwen- und Waisengeldes zuzulassen.

15. Die Zahlung des Wittwen- und Waisengeldes beginnt mit dem Ablauf des Gnadenquartals oder des Gnadenmonats.

16. Das Wittwen- und Waisengeld wird monat-

lich im Voraus gezahlt. An wen die Zahlung gültig zu leisten ist, bestimmt der Departementschef, welcher die Befugniß zu solcher Bestimmung auf die Provinzialbehörde übertragen kann.

Nicht abgehobene Theilbeträge des Wittwen- und Waisengeldes verjähren binnen vier Jahren, vom Tage ihrer Fälligkeit an gerechnet, zum Vortheile der Staatskasse.

17. Das Wittwen- und Waisengeld kann mit rechtlicher Wirkung weder abgetreten noch verpfändet[1] oder sonst übertragen werden.

18. Das Recht auf den Bezug des Wittwen- und Waisengeldes erlischt:

1. für jeden Berechtigten mit Ablauf des Monats, in welchem er sich verheirathet oder stirbt;
2. für jede Waise außerdem mit dem Ablauf des Monats, in welchem sie das 18. Lebensjahr vollendet.

19. Das Recht auf den Bezug des Wittwen- und Waisengeldes ruht, wenn der Berechtigte das Deutsche Indigenat verliert, bis zur etwaigen Wiedererlangung desselben.

20. Mit den aus § 14 sich ergebenden Maßgaben erfolgt die Bestimmung darüber, ob und welches Wittwen- und Waisengeld der Wittwe und den Waisen eines Beamten zusteht, durch den Depar-

---

[1] Hinsichtlich der Pfändbarkeit des Witwen- und Waisengeldes kommen die Bestimmungen des § 850 der Zivilprozeßordnung — vorn Nr. 30 abgedruckt — zur Anwendung.

tementschef, welcher die Befugniß zu solcher Bestimmung auf die Provinzialbehörde übertragen kann.

Die Beschreitung des Rechtsweges steht den Betheiligten offen, doch muß die Entscheidung des Departementschefs der Klage[1] vorhergehen und letztere sodann bei Verlust des Klagerechts innerhalb sechs Monaten, nachdem den Betheiligten die Entscheidung des Departementschefs bekannt gemacht worden, erhoben werden.

21. Die Vorschriften

1. der §§ 10 und 12 des Dänischen Pensionsgesetzes vom 24. Februar 1858,
2. des dritten Theils des Kurhessischen Staatsdienstgesetzes vom 8. März 1831,
3. der §§ 28ff. des Staatsdieneredikts für das Fürstenthum Hohenzollern-Sigmaringen vom 20. August 1831 und der §§ 26ff. der Dienstpragmatik für das Fürstenthum Hohenzollern-Hechingen vom 11. Oktober 1843

treten für die Hinterbliebenen derjenigen Beamten, welche auf Grund des § 23 Absatz 1 dieses Gesetzes aus der Landesanstalt, der sie seither angehörten, ausscheiden, mit der Maßgabe außer Kraft, daß das denselben zu bewilligende Wittwen- oder Waisengeld nicht hinter demjenigen Betrage zurückbleiben darf, welcher ihnen nach den vorstehend unter Ziffer 1

---

[1] Für die Klage ist nach § 39 Nr. 1 des Ausführungsgesetzes zum deutschen Gerichtsverfassungsgesetz v. 24. April 1878 (GS. S. 230) das Landgericht ausschließlich zuständig.

bis 3 bezeichneten Vorschriften aus der Staatskasse hätte bewilligt werden müssen.

22. Der Beitritt zu der allgemeinen Wittwenverpflegungsanstalt ist den nach § 1 zur Entrichtung von Wittwen- und Waisengeldbeiträgen verpflichteten Beamten, sowie den Beamten des Deutschen Reichs nicht ferner gestattet.

23. Diejenigen nach § 1 zur Entrichtung von Wittwen- und Waisengeldbeiträgen verpflichteten Beamten, welche Mitglieder einer Militär- oder Staatsbeamten-Wittwenkasse oder einer sonstigen Veranstaltung des Staats zur Versorgung der Hinterbliebenen von Beamten und derselben nicht erst nach der Verkündigung dieses Gesetzes beigetreten sind, bleiben, wenn sie binnen drei Monaten nach dem Inkrafttreten dieses Gesetzes durch eine schriftliche Erklärung für ihre etwaigen künftigen Hinterbliebenen auf das in den §§ 7ff. bestimmte Wittwen- und Waisengeld verzichten, von Entrichtung der im § 3 bestimmten Wittwen- und Waisengeldbeiträge befreit. Andernfalls sind sie berechtigt, aus der Landesanstalt auszuscheiden.

Diese Bestimmungen finden sinngemäße Anwendung auf die Mitglieder der Beamtenpensionskassen bei den vom Staate erworbenen Privateisenbahnen einschließlich der Unterstützungskasse der Angestellten der Cöln-Mindener Eisenbahn, ferner der Berliner allgemeinen Wittwenpensions- und Unterstützungskasse, sowie auf diejenigen Beamten, welche wegen ihrer Angehörigkeit zu einer anderen

Privatversicherungsgesellschaft von der ihnen sonst obliegenden Verpflichtung zur Theilnahme an einer der im ersten Absatz bezeichneten Anstalten entbunden oder nach Anordnung ihrer vorgesetzten Behörde zum Zwecke der Versorgung ihrer Ehefrau für den Fall ihres Todes einer Privatversicherungsgesellschaft beigetreten und noch zur Zeit des Inkrafttretens dieses Gesetzes Mitglieder der Gesellschaft sind.

24. Dieses Gesetz tritt am 1. Juli 1882 in Kraft.

51.

Gesetz, betreffend den Erlaß der Wittwen- und Waisengeldbeiträge der unmittelbaren Staatsbeamten.

Vom 28. März 1888.

(GS. S. 48.)

Artikel I.

Die Wittwen- und Waisengeldbeiträge, welche auf Grund des Gesetzes, betreffend die Fürsorge für die Wittwen und Waisen der unmittelbaren Staatsbeamten, vom 20. Mai 1882 (Gesetz-Samml. S. 298) zu entrichten sind, werden, unbeschadet des an diese Verpflichtung geknüpften Anspruchs auf Wittwen- und Waisengeld, vom 1. April 1888 ab nicht erhoben.

Artikel II.

1. Verzichte auf Wittwen- und Waisengeld, welche auf Grund des § 23 des Gesetzes vom 20. Mai 1882 erklärt sind, dürfen bis zum 30. Juni 1888 ein-

schließlich widerrufen werden. Auf Rechtsnachfolger geht diese Befugniß nicht über.

Die Frist kann, soweit die dienstlichen Verhältnisse der Betheiligten es erfordern, von dem Departementschef in Gemeinschaft mit dem Finanzminister angemessen verlängert werden.

2. Der Widerrufende hat denjenigen Betrag an Wittwen- und Waisengeldbeiträgen zur Staatskasse nachzuentrichten, welcher ohne Erklärung des Verzichts von ihm hätte enrichtet werden müssen.

Die Tilgung dieser Schuld geschieht in Theilbeträgen von drei Prozent des Diensteinkommens, des Wartegeldes oder der Pension nach den für die Erhebung der Wittwen- und Waisengeldbeiträge bestehenden Vorschriften mit der Maßgabe, daß es dem Beitragspflichtigen jederzeit freisteht, den Rest seiner Schuld zur Staatskasse zu zahlen.

Der nach dem Tode des Beitragspflichtigen etwa noch ungedeckte Betrag wird von den zunächst fälligen Raten des Wittwen- und Waisengeldes vorweg in Abzug gebracht.

3. Mitgliedern einer der in § 23 Abs. 1 des Gesetzes vom 20. Mai 1882 bezeichneten Anstalten, welche gemäß Artikel II § 1 des gegenwärtigen Gesetzes den Verzicht widerrufen und gleichzeitig aus der Anstalt ausscheiden, sind die an die letztere seit der Verzichtleistung entrichteten Beiträge auf die nach Artikel II § 2 Absatz 1 zu machenden Nachzahlungen anzurechnen.

52.

Gesetz, betreffend die Fürsorge für Beamte in Folge von Betriebsunfällen. Vom 18. Juni 1887

— in der ihm durch Gesetz vom 2. Juni 1902 (GS. S. 153) gegebenen Fassung. —

§ 1. Unmittelbare Staatsbeamte, welche in reichsgesetzlich der Unfallversicherung unterliegenden Betrieben beschäftigt sind, erhalten, wenn sie in Folge eines im Dienste erlittenen Betriebsunfalls dauernd dienstunfähig werden, als Pension sechsundsechzigzweidrittel Prozent ihres jährlichen Diensteinkommens.

Personen der vorbezeichneten Art erhalten, wenn sie in Folge eines im Dienste erlittenen Betriebsunfalls nicht dauernd dienstunfähig geworden, aber in ihrer Erwerbsfähigkeit beeinträchtigt worden sind, bei ihrer Entlassung aus dem Dienste als Pension:

1. im Falle völliger Erwerbsunfähigkeit für die Dauer derselben den im ersten Absatze bezeichneten Betrag;
2. im Falle theilweiser Erwerbsunfähigkeit für die Dauer derselben denjenigen Theil der vorstehend bezeichneten Pension, welcher dem Maße der durch den Unfall herbeigeführten Einbuße an Erwerbsfähigkeit entspricht.

Ist der Verletzte in Folge des Unfalls nicht nur völlig dienst- oder erwerbsunfähig, sondern auch derart hülflos geworden, daß er ohne fremde Wartung und Pflege nicht bestehen kann, so ist für die Dauer dieser Hülflosigkeit die Pension bis zu hundert Prozent des Diensteinkommens zu erhöhen.

Solange der Verletzte aus Anlaß des Unfalls thatsächlich und unverschuldet arbeitslos ist, kann in den Fällen des Abs. 2 Ziffer 2 die Pension bis zum vollen Betrage des Abs. 1 vorübergehend erhöht werden.

Steht dem Verletzten nach anderweiter gesetzlicher Vorschrift ein höherer Betrag zu, so erhält er diesen.

Nach dem Wegfalle des Diensteinkommens sind dem Verletzten außerdem die noch erwachsenden Kosten des Heilverfahrens (§ 9 Abs. 1 Nr. 1 des Gewerbe-Unfallversicherungsgesetzes, Reichs-Gesetzbl. 1900 S. 585) zu ersetzen.

2. Die Hinterbliebenen solcher im § 1 bezeichneten Personen, welche in Folge eines im Dienste erlittenen Betriebsunfalls gestorben sind, erhalten:

1. als Sterbegeld, sofern ihnen nicht nach anderweiter Bestimmung Anspruch auf Gnadenquartal oder Gnadenmonat zusteht, den Betrag des einmonatigen Diensteinkommens oder der einmonatigen Pension des Verstorbenen, jedoch mindestens fünfzig Mark;
2. eine Rente. Diese beträgt:
   a) für die Wittwe bis zu deren Tode oder Wiederverheirathung, ebenso für jedes Kind bis zum Ablaufe des Monats, in welchem das achtzehnte Lebensjahr vollendet wird, oder bis zur etwaigen früheren Verheirathung zwanzig Prozent des jährlichen Diensteinkommens des Verstorbenen, jedoch für die Wittwe nicht unter zweihundertundsechzehn Mark und nicht mehr als dreitausend Mark,

für jedes Kind nicht unter einhundertund-sechzig Mark und nicht mehr als eintausend-sechshundert Mark;

b) für Verwandte der aufsteigenden Linie, wenn ihr Lebensunterhalt ganz oder überwiegend durch den Verstorbenen bestritten worden war, bis zum Wegfalle der Bedürftigkeit insgesammt zwanzig Prozent des Diensteinkommens des Verstorbenen, jedoch nicht unter einhundertundsechzig Mark und nicht mehr als eintausendsechshundert Mark; sind mehrere Berechtigte dieser Art vorhanden, so wird die Rente den Eltern vor den Großeltern gewährt;

c) für elternlose Enkel, falls ihr Lebensunterhalt ganz oder überwiegend durch den Verstorbenen bestritten worden war, im Falle der Bedürftigkeit bis zum Ablaufe des Monats, in welchem das achtzehnte Lebensjahr vollendet wird, oder bis zur etwaigen früheren Verheirathung insgesammt zwanzig Prozent des Diensteinkommens des Verstorbenen, jedoch nicht unter einhundertundsechzig Mark und nicht mehr als eintausendsechshundert Mark.

Die Renten dürfen zusammen sechzig Prozent des Diensteinkommens nicht übersteigen. Ergibt sich ein höherer Betrag, so haben die Verwandten der aufsteigenden Linie nur insoweit einen Anspruch, als durch die Renten der Wittwe und der Kinder der

15*

Höchstbetrag der Renten nicht erreicht wird, die Enkel nur soweit, als der Höchstbetrag der Renten nicht für Ehegatten, Kinder oder Verwandte der aufsteigenden Linie in Anspruch genommen wird. Soweit die Renten der Wittwe und der Kinder den zulässigen Höchstbetrag überschreiten, werden die einzelnen Renten in gleichem Verhältnisse gekürzt.

Steht nach anderweiter gesetzlicher Vorschrift einem von den Hinterbliebenen ein höherer Betrag zu, so erhält er diesen.

Der Anspruch der Wittwe ist ausgeschlossen, wenn die Ehe erst nach dem Unfalle geschlossen worden ist.

3. Die Fürsorge erstreckt sich auf die Folgen von Unfällen bei häuslichen und anderen Diensten, zu denen Personen der im § 1 bezeichneten Art neben der Beschäftigung im Betriebe von ihren Vorgesetzten herangezogen werden.

4. Erreicht das jährliche Diensteinkommen nicht den dreihundertfachen Betrag des für den Beschäftigungsort festgesetzten ortsüblichen Tagelohns gewöhnlicher erwachsener Tagearbeiter (§ 8 des Krankenversicherungsgesetzes, Reichs-Gesetzbl. 1892 S. 417), so ist dieser Betrag der Berechnung zu Grunde zu legen.

Bleibt der nach Abs. 1 zu Grunde zu legende Betrag hinter dem Jahresarbeitsverdienste zurück, welchen während des letzten Jahres vor dem Unfalle Personen bezogen haben, welche mit Arbeiten derselben Art in demselben Betrieb oder in benachbarten gleichartigen Betrieben beschäftigt waren, so ist dieser

Jahresarbeitsverdienst der Berechnung der Rente zu Grunde zu legen.

Der eintausendfünfhundert Mark übersteigende Betrag kommt nur zu einem Drittel zur Anrechnung.

Bleibt bei den nicht mit Pensionsberechtigung angestellten Beamten (§ 1) die nach vorstehenden Bestimmungen der Berechnung zu Grunde zu legende Summe unter dem niedrigsten Diensteinkommen derjenigen Stellen, in welchen solche Beamte nach den bestehenden Grundsätzen zuerst mit Pensionsberechtigung angestellt werden können, so ist der letztere Betrag der Berechnung zu Grunde zu legen.

5. Ist das der Berechnung der Hinterbliebenenrente zu Grunde zu legende Diensteinkommen in Folge eines früher erlittenen, nach den gesetzlichen Bestimmungen über Unfallversicherung oder Unfallfürsorge entschädigten Unfalls geringer, als der vor diesem Unfalle bezogene Lohn oder das vor diesem Unfalle bezogene Diensteinkommen, so ist die aus Anlaß des früheren Unfalls bei Lebzeiten bezogene Rente oder Pension dem Diensteinkommen bis zur Höhe des der früheren Entschädigung zu Grunde gelegten Jahresarbeitsverdienstes oder Diensteinkommens hinzuzurechnen.

6. Der Bezug der Pension beginnt mit dem Wegfalle des Diensteinkommens, der Bezug der Hinterbliebenenrente mit dem Ablaufe des Gnadenquartals oder Gnadenmonats, oder, soweit solche nicht gewährt werden, mit dem Ablaufe derjenigen Zeit, für welche

nach § 2 Abs. 1 Ziffer 1 das Diensteinkommen oder die Pension weiter bezogen ist.

Gehört der Verletzte auf Grund gesetzlicher oder statutarischer Verpflichtung einer Krankenkasse oder der Gemeinde-Krankenversicherung an, so wird bis zum Ablaufe der dreizehnten Woche nach dem Eintritte des Unfalls die Pension und der Ersatz der Kosten des Heilverfahrens um den Betrag der von der Krankenkasse oder der Gemeinde-Krankenversicherung geleisteten Krankenunterstützung gekürzt. Der Anspruch auf das Sterbegeld und vom Beginne der vierzehnten Woche ab auch der Anspruch auf die Pension sowie auf den Ersatz der Kosten des Heilverfahrens geht bis zum Betrage des von der Krankenkasse gezahlten Sterbegeldes beziehungsweise bis zum Betrage der von dieser gewährten weiteren Krankenunterstützung auf die Krankenkasse über. Als Werth der freien ärztlichen Behandlung, der Arznei und der Heilmittel (§ 6 Abs. 1 Ziffer 1 des Krankenversicherungsgesetzes) gilt die Hälfte des gesetzlichen Mindestbetrags des Krankengeldes.

Fällt das Recht auf den Pensions- oder Rentenbezug im Laufe des Monats, für welchen die Pension oder Rente gezahlt war, fort, so ist von einer Rückforderung abzusehen. Wenn für einen Theil des Monats die Pension für den Verletzten mit der Rente für die Hinterbliebenen zusammentrifft, so haben die Hinterbliebenen den höheren Betrag zu beanspruchen.

7. Ein Anspruch auf die in den §§ 1 bis 3 be-

zeichneten Bezüge besteht nicht, wenn der Verletzte den Unfall vorsätzlich oder durch ein Verschulden herbeigeführt hat, wegen dessen auf Dienstentlassung oder auf Verlust des Titels und Pensionsanspruchs gegen ihn erkannt oder wegen dessen ihm die Fähigkeit zur Beschäftigung in einem öffentlichen Dienstzweig aberkannt worden ist.

Der Anspruch kann, auch ohne daß ein Urtheil der bezeichneten Art ergangen ist, ganz oder theilweise abgelehnt werden, falls das Verfahren wegen des Todes oder der Abwesenheit des Betreffenden oder aus einem anderen in seiner Person liegenden Grunde nicht durchgeführt werden kann.

8. Ansprüche auf Grund dieses Gesetzes sind, soweit deren Feststellung nicht von Amtswegen erfolgt, bei Vermeidung des Ausschlusses vor Ablauf von zwei Jahren nach dem Eintritte des Unfalls bei der dem Verletzten unmittelbar vorgesetzten Dienstbehörde anzumelden. Die Frist gilt auch dann als gewahrt, wenn die Anmeldung bei der für den Wohnort des Entschädigungsberechtigten zuständigen unteren Verwaltungsbehörde erfolgt ist. In solchem Falle ist die Anmeldung unverzüglich an die zuständige Stelle abzugeben und der Betheiligte davon zu benachrichtigen.

Nach Ablauf dieser Frist ist der Anmeldung nur dann Folge zu geben, wenn zugleich glaubhaft bescheinigt wird, daß eine den Anspruch begründende Folge des Unfalls erst später bemerkbar geworden oder daß der Berechtigte von der Verfolgung seines

Anspruchs durch außerhalb seines Willens liegende Verhältnisse abgehalten worden ist, und wenn die Anmeldung innerhalb dreier Monate, nachdem eine Unfallfolge bemerkbar geworden oder das Hinderniß für die Anmeldung weggefallen, erfolgt ist.

Jeder Unfall, welcher von Amtswegen oder durch Anmeldung der Betheiligten einer vorgesetzten Dienstbehörde bekannt wird, ist sofort zu untersuchen. Den Betheiligten ist Gelegenheit zu geben, selbst oder durch Vertreter ihre Interessen bei der Untersuchung zu wahren.

9. Soweit vorstehend nichts Anderes bestimmt ist, finden auf die nach §§ 1 bis 3 zu gewährenden Bezüge die für die Betheiligten geltenden Bestimmungen über die Pension und über die Fürsorge für Wittwen und Waisen Anwendung. Auf die Bezüge von Verwandten der aufsteigenden Linie und von Enkeln finden diese Bestimmungen entsprechende Anwendung.

Die nach §§ 1 bis 3 dieses Gesetzes zu gewährenden Bezüge treten an die Stelle derjenigen Pension oder derjenigen Wittwen- und Waisengelder, welche den Betheiligten auf Grund anderweiter gesetzlicher Vorschrift zustehen, soweit nicht die letzteren Beträge die nach Maßgabe dieses Gesetzes zu gewährenden Bezüge übersteigen (§ 1 Abs. 5 und § 2 Abs. 3).

10. Auf die Ansprüche, welche den in den §§ 1 und 2 bezeichneten Personen wegen eines im Dienste erlittenen Betriebsunfalls aus Preußischen Landesgesetzen zustehen, finden die für reichsgesetzliche An-

sprüche geltenden Vorschriften [1] der §§ 10 und 11 des Reichs-Unfallfürsorgegesetzes für Beamte und Personen des Soldatenstandes vom 18. Juni 1901 (Reichs-Gesetzbl. S. 211) entsprechende Anwendung.

Das Gleiche gilt hinsichtlich der Ansprüche der Kommunalbeamten und ihrer Hinterbliebenen, für welche durch statutarische Festsetzung gegen die Folgen eines im Dienste erlittenen Betriebsunfalls eine den Vorschriften der §§ 1 bis 7 des genannten Reichsgesetzes mindestens gleichkommende Fürsorge getroffen ist.

11. Wenn gemäß den Bestimmungen der §§ 10 und 11 des genannten Reichsgesetzes ein Schadensersatzanspruch gegen Betriebsleiter, Bevollmächtigte oder Repräsentanten, Betriebs- oder Arbeiteraufseher zulässig ist, geht der Anspruch in Höhe der den Entschädigungsberechtigten auf Grund des gegenwärtigen Gesetzes oder anderweiter gesetzlicher Vorschriften (§§ 1 und 2) vom Staate zu zahlenden Beträge auf letzteren über.

Auf die Ansprüche der im § 10 Abs. 2 bezeichneten Personen findet diese Bestimmung entsprechende Anwendung.

12. Gegen das Reich stehen den in den §§ 1, 2 und 10 Abs. 2 bezeichneten Personen aus Preußischen Landesgesetzen weitergehende Ansprüche als auf die gedachten Bezüge nicht zu.

---

[1] Betreffen die Geltendmachung eines Schadensersatzanspruchs.

Derselben Beschränkung unterliegen die Ansprüche dieser Personen gegen andere Bundesstaaten und gegen Kommunalverbände, sofern für deren Beamte durch die Landesgesetzgebung beziehungsweise durch statutarische Festsetzung gegen die Folgen eines im Dienste erlittenen Betriebsunfalls eine den Vorschriften der §§ 1 bis 7 mindestens gleichkommende Fürsorge getroffen ist und durch die Gesetzgebung des bezüglichen Bundesstaats weitergehende Ansprüche der Beamten und ihrer Hinterbliebenen aus den Landesgesetzen gegenüber dem Reiche sowie den Bundesstaaten und Kommunalverbänden ausgeschlossen sind.

13. Die in den §§ 1 und 2 des Reichs-Unfallfürsorgegesetzes vom 18. Juni 1901 aufgeführten Personen,[1] desgleichen die Beamten anderer Bundesstaaten und der deutschen Kommunalverbände sowie deren Hinterbliebenen, für welche durch die Landesgesetzgebung beziehungsweise durch statutarische Festsetzung gegen die Folgen eines im Dienste erlittenen Betriebsunfalls eine den Vorschriften der §§ 1 bis 7 mindestens gleichkommende Fürsorge getroffen ist, haben wegen eines Unfalls (§ 1) aus Preußischen Landesgesetzen einen Anspruch auf Ersatz des durch den Unfall erlittenen Schadens nur in Höhe der

[1] Nämlich: Beamte der Reichszivilverwaltung, des Reichsheeres und der Kaiserlichen Marine . . ., welche in reichsgesetzlich der Unfallversicherung unterliegenden Betrieben beschäftigt sind, — sowie die Hinterbliebenen solcher Personen, welche infolge eines im Dienste erlittenen Betriebsunfalls gestorben sind.

ihnen danach zukommenden Bezüge sowohl gegen das Reich und den Preußischen Staat, wie gegen diejenigen Preußischen Kommunalverbände, welche für ihre Beamten die Unfallfürsorge in dem vorgedachten Umfange getroffen haben. Derselben Beschränkung unterliegen die Ansprüche dieser Personen gegen andere Bundesstaaten außer Preußen und die nicht Preußischen Kommunalverbände unter der Voraussetzung, daß nach den Landesgesetzen des betreffenden Bundesstaats den durch entsprechende Unfallfürsorge sichergestellten Reichs-, Staats- und Kommunalbeamten sowie deren Hinterbliebenen weitergehende Ansprüche gegen das Reich, die Bundesstaaten und Kommunalverbände nicht zustehen.

53.

Invalidenversicherungsgesetz

in der Fassung der Bekanntmachung vom 19. Juli 1899. (RGBl. S. 463.)

§ 5 Abs. 1. Beamte des Reichs, der Bundesstaaten und der Kommunalverbände, sowie Lehrer und Erzieher an öffentlichen Schulen oder Anstalten unterliegen der Versicherungspflicht nicht, solange sie lediglich zur Ausbildung für ihren zukünftigen Beruf beschäftigt werden oder sofern ihnen eine Anwartschaft auf Pension im Mindestbetrage der Invalidenrente nach den Sätzen der ersten Lohnklasse gewährleistet ist.

Register.

(Die Zahlen bezeichnen die Seiten.)

A.

B.

H.

N.

O.

P.

T.

W.

Z.

Lippert & Co. (G. Pätz'sche Buchdr.), Naumburg a. S.

Verzeichnis

der

Guttentag'schen Sammlung Deutscher Reichs- und Preussischer Gesetze

Text-Ausgaben

mit Anmerkungen u. Sachregister

5. Allgemeine Deutsche **Wechselordnung.** Achte Auflage von Justizrath Dr. **J. Stranz** und Rechtsanwalt Dr. **M. Stranz,** und das Reichsgesetz über die **Wechselstempelsteuer.** Von Regierungsrath **P. Loeck.** Siebente Auflage. 3 M.

6. **Gewerbeordnung** für das Deutsche Reich nebst allen Ausführungsbestimmungen. Ursprünglich herausgegeben von **T. Ph. Berger** und Dr. **L. Wilhelmi.** Sechszehnte Auflage bearbeitet von Oberverwaltungsgerichtsrath **H. Spangenberg.** 3 M.

7. Die deutsche **Post- und Telegraphen-Gesetzgebung.** Nebst dem Weltpostvertrag und dem internationalen Telegraphenvertrag. Von Wirkl. Geh. Rath Dr. **Fischer.** Fünfte Auflage bearbeitet von Geh. Postrath Dr. **M. König.** 3 M.

8. Die Reichsgesetze über den **Unterstützungswohnsitz** in der Fassung der Novelle vom 12. März 1894, **die Freizügigkeit, den Erwerb und Verlust der Bundes- und Staatsangehörigkeit,** nebst allen landesgesetzlichen Bestimmungen. Von Geheimrath Dr. **J. Krech,** Mitglied des Bundesamtes für das Heimathwesen. Fünfte Auflage. 2 M. 70 Pf.

9a. Sammlung **kleinerer privatrechtlicher Reichsgesetze.** Von **F. Vierhaus.** Zweite Auflage in Vorbereitung.

9. Sammlung **kleinerer strafrechtlicher Reichsgesetze.** Mit den Entscheidungen des Reichsgerichts bearbeitet von **M. Werner,** Geh. Ober=Regierungsrath. Zweite Auflage. 3 M.

Inhalt: Inhaberpapiere — Presse — Personenstand — Urheberrechtsgesetzgebung — Rinderpest — Nahrungs- und Genußmittel — Sprengstoff — Feingehalt von Gold- und Silberwaaren — Patentgesetz — Handfeuerwaffen — Gebrauchsmusterschutz — Militärische Geheimnisse — Waarenbezeichnung — unlauterer Wettbewerb — Auswanderung — Margarine — Wein — Sklavenraub — Fleischbeschau — Reichsseuchengesetz — Süßstoff — Reichskassenscheine.

10. Das **Reichsbeamtengesetz** vom 31. März 1873 und seine Ergänzungen. Erläutert von **J. Pieper,** Geh. Ober=Regierungsrath. Zweite Auflage. 4 M. 50 Pf.

11. **Civilprozeßordnung mit Gerichtsverfassungsgesetz** und den Einführungsgesetzen. Unter besonderer Berücksichtigung der Entscheidungen des Reichsgerichts herausgegeben mit Anmerkungen von **R. Sydow,** Unterstaatssekretär und **L. Busch,** Kammergerichtsrath. Neunte Auflage. 8⁰. 5 M.

Dieser Band ist in größerem Format erschienen!

12. **Strafprozeßordnung und Gerichtsverfassungsgesetz** nebst dem Gesetz, betreffend die Entschädigung der im Wiederaufnahmeverfahren freigesprochenen Personen. Von **A. Hellweg,** Reichsgerichtsrath. Dreizehnte Auflage. 2 M.

13. **Konkursordnung und Anfechtungsgesetz.** Unter besonderer Berücksichtigung der Entscheidungen des Reichsgerichts herausgegeben mit Anmerkungen von **R. Sydow** u. **L. Busch.** Neunte Auflage. 2 M. 25 Pf.

14. **Gerichtsverfassungsgesetz** mit Einführungsgesetz, Nebengesetzen und Ergänzungen. Herausgegeben von **R. Sydow** u. **L. Busch.** Neunte Auflage. Im Druck.

15. Das **Deutsche Gerichtskostengesetz** nebst den Gebührenordnungen für Gerichtsvollzieher, Zeugen und Sachverständige. Herausgegeben mit Anmerkungen und Kostentabellen von **R. Sydow** u. **L. Busch.** Siebente Auflage. 1 M. 80 Pf.

16. **Rechtsanwaltsordnung.** Von **R. Sydow.** Vierte Auflage von Dr. **E. Mosler.** 1 M. 20 Pf.

17. Die **Deutsche Gebührenordnung für Rechtsanwälte und das Preußische Gebührengesetz** vom 27. September/6. Oktober 1899. Von **R. Sydow** und **L. Busch.** Siebente Auflage. 1 M. 60 Pf.

18. **Reichsstempelgesetz (Börsensteuergesetz)** v. 14. Juni 1900, mit den Ausführungsbestimmungen, einem Auszug aus den Gesetzes-Materialien und den Entscheidungen der Verwaltungsbehörden und des Reichsgerichts. Achte Auflage von **P. Loeck,** Regierungsrath. 3 M. 30 Pf.

19. Die **Seegesetzgebung.** Nebst den Entscheidungen des Reichsoberhandelsgerichts, des Reichsgerichts und der Seeämter. Von Dr. **W. E. Knitschky.** Dritte Auflage bearbeitet von Oberlandesgerichtsrath **Otto Rudorff** in Hamburg. 4 M. 50 Pf.

20. **Krankenversicherungsgesetz.** Von weil. Dr. **E. von Woedtke,** Direktor im Reichsamte des Innern. Elfte Auflage bearbeitet von Dr. **G. Eucken-Addenhausen,** Geh. Reg.-Rath und vortr. Rat im Reichsamte des Innern. 3 M.

21. Die **Konsulargesetzgebung.** Von Professor Dr **Ph. Zorn.** Zweite Auflage. 3 M.

22a. **Patentgesetz.** Nebst Ausführungsbestimmungen, völkerrechtlichen Verträgen und der Patentanwalts-Ordnung unter eingehender Berücksichtigung der Rechtsprechung des Reichsgerichts und der Praxis des Patentamts. Erläutert von Prof. Dr. **R. Stephan,** Geh. Reg.-Rath, Mitglied des Kaiserlichen Patentamts. Sechste Auflage. 2 M.

22b. Gesetz zum **Schutz der Waarenbezeichnungen.** Nebst Ausführungsbestimmungen. Von Dr. **R. Stephan,** Geh. Reg.-Rath, Mitglied des Kaiserlichen Patentamts. Vierte Auflage. 1 M.

23. **Gewerbe-Unfallversicherungsgesetz** und Gesetz, betr. die Abänderung der Unfallversicherungsgesetze vom 30. Juni 1900 nebst Ausführungsverordnungen. Von Dr. **E. v. Woedtke,** Präsident des Kaiserl. Aufsichtsamts für Privatversicherung. Achte Auflage. 2 M. 50 Pf.

24. **Aktiengesellschaft und Kommanditgesellschaften auf Aktien.** (Handelsgesetzbuch, II. Buch, Abschnitt 3

und 4.) Mit Anmerkungen von **H. Keyssner,** Kammergerichtsrath und Dr. **H. Veit Simon,** Rechtsanwalt. Fünfte Auflage. Bearbeitet von Dr. **Hugo Keyssner** und **L. Keyssner.** 2 M. 25 Pf.

25. Reichsgesetz wegen **Erhebung der Brausteuer** vom 31. Mai 1872 mit Ausführungsvorschriften. Von **E. Bertho,** Regierungsrath. 1885. 1 M. 60 Pf.

26. Die Reichsgesetzgebung über **Münz- und Notenbankwesen,** Papiergeld, Prämienpapiere und Reichsschulden. Von Dr. jur. **R. Koch,** Präsident des Reichsbankdirektoriums. Vierte Auflage. 3 M.

27. Die Gesetzgebung, betr. das **Gesundheitswesen** im Deutschen Reich für Behörden, Aerzte 2c. Von Dr. jur. **C. Goesch** und Dr. med. **J. Karsten.** 1888. 1 M. 60 Pf.

28. **Bau-Unfallversicherungsgesetz.** Vom 30. Juni 1900. Von **R. Chrzescinski,** Kaiserl. Regierungsrath. Dritte Auflage. 2 M.

29. Reichsgesetz, betr. die **Erwerbs- und Wirthschaftsgenossenschaften.** Von **L. Parisius** und Dr. **H. Crüger.** Elfte Auflage bearbeitet von Dr. **H. Crüger.** ca. 1 M. 50 Pf.

30. **Invalidenversicherungsgesetz** vom 13. Juli 1899. Von Dr. **E. v. Woedtke,** Präsident des Kaiserlichen Aufsichtsamts für Privatversicherung. Neunte Auflage. 2 M 50 Pf.

31. **Gewerbegerichtsgesetz.** Von Stadtrath **L. Mugdan.** Fünfte Auflage bearbeitet von **W. Cuno,** Erstem Bürgermeister zu Hagen i. W. 2 M.

32. Reichsgesetz, betr. die **Gesellschaften mit beschränkter Haftung.** Von **L. Parisius** und Dr. **H. Crüger.** Siebente Auflage. 1 M. 25 Pf.

33. Das **Vereins- und Versammlungsrecht** in Deutschland. Von Dr. **E. Ball,** Rechtsanwalt. 2 M. 25 Pf.

34. Reichsgesetz, betreffend die **Abzahlungsgeschäfte.** Vom 16. Mai 1894. Von **J. Hoffmann.** Zweite vermehrte Auflage besorgt von Dr. **E. Wilke,** Landgerichtsrath. 1 M. 20 Pf.

35. Die **Reichs-Eisenbahngesetzgebung.** Von **W. Coermann,** Kaiserl. Amtsrichter. 1895. 2 M. 25 Pf

36. Gesetze, betr. die **privatrechtlichen Verhältnisse der Binnenschifffahrt und der Flößerei.** Erläutert von **H. Makower.** Dritte Auflage bearbeitet von **E. Löwe,** Landgerichtsrath. 3 M.

37. Gesetz zur **Bekämpfung des unlauteren Wettbewerbes.** Vom 27. Mai 1896. Von Dr. **R. Stephan,** Geh. Regierungsrath. Dritte Auflage. 1 M.

38/39. **Bürgerliches Gesetzbuch nebst Einführungsgesetz.** Nach dem Tode des ursprünglichen Herausgebers Reichsgerichtsraths a. D. Dr. **A. Achilles** in Verbindung mit **Professor** Dr. **André,** Landrichter

Ritgen, Landrichter **Strecker,** Ober-Regierungsrath Dr. **Unzner** herausgegeben von Geh. Ober-Justizrath **Greiff.** Vierte Auflage. 8°. 6 M. 50 Pf.
Dieser Band ist in größerem Format erschienen!

40. Gesetz, betr. die **Pflichten der Kaufleute bei Aufbewahrung fremder Werthpapiere (Depotgesetz).** Mit Erläuterungen. Von **F. Lusensky,** Geh. Ober-Regierungsrath. Zweite Auflage. 1 M.

41. **Börsengesetz.** Vom 22. Juni 1896. Nebst Ausführungsbestimmungen. Unter Mitwirkung des Direktors im Reichsamt des Innern **A. Wermuth** bearbeitet von Regierungsrath **H. Brendel.** 1 M. 50 Pf.

42. **Grundbuchordnung** nebst den preußischen Ausführungsbestimmungen. Mit Einleitung. Von Professor Dr. **O. Fischer.** Dritte Auflage. 2 M. 25 Pf.

43. Die Gesetzgebung, betr. die **Zwangsvollstreckung in das unbewegliche Vermögen** im Reiche und in Preußen. Mit Einleitung, Kosten- und Gebührentabellen. Von Dr. **J. Krech,** Kaiserl. Geh. Regierungsrath und Professor Dr. **O. Fischer.** Vierte Auflage. 2 M.

44. Das Reichsgesetz über das **Auswanderungswesen** vom 9. Juni 1897 nebst Ausführungsverordnungen und Anlagen. Unter Benutzung amtlicher Quellen. Von Professor Dr. **Felix Stoerk.** 2 M. 25 Pf.

45. Das **Entmündigungsrecht** unter Berücksichtigung der für Preußen geltenden Vorschriften nebst der preußischen Justiz-Ministerial-Verfügung vom 28. November 1899. Text der civil- und prozeßrechtlichen Bestimmungen mit Erläuterungen von Landgerichtsrath Dr. **P. Koll** in Cöln. 1 M. 50 Pf.

46. Die Gesetze des Reiches und Preußens über die **freiwillige Gerichtsbarkeit.** Mit Einleitung von **Herm. Jastrow,** Amtsgerichtsrath. Dritte Auflage. 3 M.

47. Das **deutsche Vormundschaftsrecht** und das preuß. Gesetz über die Fürsorgeerziehung Minderjähriger nebst den dazu gehörigen preußischen Nebengesetzen. Mit Einleitung und Erläuterungen von **Max Schultzenstein,** Oberverwaltungsgerichtsrath und Amtsgerichtsrath Dr. **Paul Köhne.** Zweite Auflage 3 M.

48. Gesetze und Verordnungen, betr. den **Drogen-, Gift- und Farbenhandel** außerhalb der Apotheken. Von Dr. **Broh,** Rechtsanwalt. 1 M. 25 Pf.

49. Deutsche **Kolonialgesetzgebung.** Von Professor Dr. **Philipp Zorn.** 4 M. 50 Pf.

50. Der **Viehkauf** (Viehgewährschaft) nach dem Bürgerlichen Gesetzbuche. Mit Erläuterungen von Rechtsanwalt Dr. **H. Stölzle.** Nebst Verordn. betr. die Hauptmängel und Gewährsfristen beim Viehhandel. Von **H. Weiskopf,** Königl. Kreisthierarzt in Augsburg. Dritte Auflage. 3 M

51. **Hypothekenbankgesetz** vom 13. Juli 1899. Von Dr. **H. Göppert,** Gerichts-Assessor. 1 M. 80 Pf.

52. Gesetz, betreffend die gemeinsamen **Rechte der Besitzer von Schuldverschreibungen.** Von Dr. **Heinrich Göppert,** Gerichts-Assessor. 2 M.

53. **Reichspreßgesetz** vom 7. Mai 1874 nebst den einschlägigen Bestimmungen des Strafgesetzbuchs, der Gewerbeordnung rc. Kommentar von **A. Born,** Polizeiassessor. 1 M. 50 Pf.

54. Die Reichsgesetzgebung über den Verkehr mit **Nahrungsmitteln, Genußmitteln** und **Gebrauchsgegenständen.** Von Dr. **Georg Lebbin,** Nahrungsmittelchemiker. 2 M. 25 Pf.

55. Das Recht der **Beschlagnahme von Lohn- und Gehaltsforderungen.** Auf Grundlage der Reichsgesetze vom 21. Juni 1869 u. 29. März 1897 und der Civilprozeßordnung. Von Rechtsanwalt **Georg Meyer.** Zweite Auflage. 2 M.

56. Gesetz, betr. die **Bekämpfung gemeingefährlicher Krankheiten.** Nebst Ausführungsbestimmungen. Von Dr. **Bruno Burkhardt,** Regierungsrath, Mitglied des Kais. Gesundheitsamts. 1 M. 40 Pf.

57. **See-Unfallversicherungsgesetz.** Von **Dr. Max Mittelstein,** Oberlandesgerichtsrath in Hamburg. 2 M.

58. **Das Recht der unehelichen Kinder.** Ausgabe aller einschlägigen Bestimmungen des B.G.B. Von **Hermann Jastrow,** Amtsgerichtsrath. 1 M. 80 Pf.

59. Reichsgesetz über die **Beurkundung des Personenstandes und die Eheschließung.** Von Dr. **F. Fidler,** Amtsgerichtsrath. 1 M. 80 Pf.

60. Gesetz, betreffend das **Urheberrecht an Werken der Litteratur und der Tonkunst.** Von Gerichtsassessor **Otto Lindemann.** 1 M. 50 Pf.

61. Gesetz über das **Verlagsrecht.** Von Justizrath **Ernst Heinitz.** 1 M. 50 Pf.

62. Gesetz über die **privaten Versicherungsunternehmungen.** Von **H. Könige,** Ob.-Landsger.-Rath. 3 M.

63. **Gesetzestafel des Deutschen Reichsrechts.** Systematisch geordnete Nachweisung des z. Z. geltenden Reichsrechts. Ergänzungsband zu der Guttentag'schen Sammlung Deutscher Reichsgesetze. Von **Hugo Bruhns,** Syndikus. 2 M. 50 Pf.

64. Gesetzsammlung betr. den **Handel mit Drogen und Giften.** Reichsgesetzl. Bestimmungen und Anhang mit den landesgesetzl. Verordnungen sämmtlicher Bundesstaaten. Von Rechtsanwalt **H. Sonnenfeld,** Syndikus der Berliner Drogisten-Innung. 3 M.

65. Das **Weingesetz** vom 24. Mai 1901. Mit Ausführungsbestimmungen erläutert von Dr. **Georg Lebbin,** Handels- und Gerichtschemiker zu Berlin. 1 M. 50 Pf.

66. Die **Eisenbahn-Gesetzgebung.** Von **W. Pietsch,** Geh. exp. Sekretär im Reichs-Eisenbahn-Amt. 5 M.

67. **Militär-Strafgesetzbuch.** Mit den Entscheidungen des Reichs-Militärgerichts von Dr. **Paul Herz,** Senats-Präsident am Reichs-Militärgericht und Kriegsgerichtsrath Dr. **Georg Ernst.** 3 M.

68. Das **Fleischbeschaugesetz.** Vom 3. Juni 1900. Mit Ausführungsges. u. Verordnungen im Reiche und in Preußen. Von Dr. **Georg Lebbin,** Gerichtschemiker und Rechtsanwalt Dr. **Georg Baum.** 4 M.

69. Reichsgesetz über die **Naturalleistungen der bewaffneten Macht im Frieden** nebst den zugehörigen in Preußen geltenden Bestimmungen. Von Regierungsassessor Dr. **Walter v. Hippel.** 1 M. 25 Pf.

70. Das **Reichs-Haftpflichtgesetz,** betr. die Verbindlichkeit zum Schadensersatz für die bei dem Betriebe von Eisenbahnen, Bergwerken, Steinbrüchen, Gräbereien und Fabriken herbeigeführten Tödtungen und Körperverletzungen, vom 7. Juni 1871. Von Regierungsrath Dr. **G. Eger.** Preis 3 M.

71. **Kinderarbeit in gewerblichen Betrieben,** v. 30. März 1903. Nebst der Preuß. Ausführ.-Anw. v. 30. Nov. u. d. Bek. des Reichskanzlers v. 17. Dez. 1903. Von **H. Spangenberg,** Oberverwaltungsgerichtsrath. Zweite vermehrte Auflage. 1 M. 60 Pf.

72. **Unfallversicherungsgesetz für Land- und Forstwirtschaft** vom wirkl. Geh. Rat Dr. **E. von Woedtke,** fortgesetzt von Dr. **Alfred Radtke,** Geh. Regierungsrat und Senatspräs. im Reichsversicherungsamt. 4 M. 50 Pf.

73. **Entschädigung für unschuldig erlittene Verhaftung und Bestrafung.** Nebst Anhang, enth. die dazu gehörigen Nebengesetze über Schadensersatz. Von Dr. jur. **A. Romen,** Geh. Kriegsrat und vortr. Rat im Kriegsministerium. 2 M.

74. Die **Kaufmannsgerichte** nebst den preuß. Ausführungsbestimmungen. Von Dr. **Max Apt,** Syndikus der Korporation der Berliner Kaufmannschaft. Dritte Auflage. 2 M.

Daraus einzeln: **Preuß. Ausführungsbestimmungen.** 50 Pf.

Guttentag'sche Sammlung

Preußischer Gesetze.

Text-Ausgaben mit Anmerkungen. Taschenformat.

1. Die **Verfassungs-Urkunde** für den Preußischen Staat. Mit Einleitung, vollständigem Kommentar. Von Prof. Dr. **Adolf Arndt.** Fünfte Auflage. 3 M.

2. Preußische **Beamten-Gesetzgebung.** Enthaltend die wichtigsten Beamtengesetze in Preußen. Von **C. Pfafferoth.** Vierte, neubearbeitete Auflage. 2 M.

3. **Die Aufnahme des Nottestaments** durch die bestellten besonderen Urkundspersonen. Anweisung

vom 15. März 1904. Erläutert mit Musterbeispielen und einem Abriß des Erbrechts von Amtsgerichtsrath **C. Kurtz.** 1 M. 50 Pf.

4. **Gebührenordnung** für **Notare** vom 25. Juni 1895 nebst den einschlägigen Vorschriften des Preußischen Gerichtskostengesetzes. Von **R. Sydow.** Zweite Auflage bearbeitet von Dr. **E. Mosler,** Gerichtsassessor. 1 M. 50 Pf.

5. Gesetz vom **24. April 1854 (betr. die außereheliche Schwängerung).** Von Dr. **Schulze.** 75 Pf.
   Seit dem 1. Januar 1900 gültiges Recht siehe: Reichsgesetze Nr. 58.

6. Die Preuß. **Ausführungsgesetze und Verordnungen zu den Reichs-Justizgesetzen.** Von **R. Sydow.** Dritte vermehrte Auflage. 1895. 2 M. 40 Pf.
   Siehe Seite 21, Busch, Ausführungsgesetze.

7. **Allg. Gerichtsordnung** vom 6. Juli 1793 und Preuß. **Konkursordnung** vom 8. Mai 1885. Von **F. Vierhaus,** Geh. Ober-Justizrath. Vergriffen.

8. **Vormundschaftsordnung.** Von **F. Schultzenstein.** Gültiges Recht siehe: Reichsgesetze Nr. 47.

9. Die Preußische **Grundbuchgesetzgebung.** Von Prof. Dr. **Fischer.** Vergriffen. Siehe: Reichsgesetze Nr. 42.

10. **Einkommensteuergesetz.** Von **A. Fernow,** Geh. Finanzrath. Fünfte Auflage. 2 M. 50 Pf.

11. **Gewerbesteuergesetz.** Von **A. Fernow,** Geh. Finanzrath. Vierte, vermehrte u. verbesserte Auflage. 2 M.

12. **Allgemeines Berggesetz** für die preußischen Staaten und die auf dasselbe bezüglichen Gesetze und Verordnungen. Von **E. Engels.** Dritte Auflage. In Vorbereitung.

13. **Ergänzungssteuergesetz** (Vermögenssteuergesetz). Von **A. Fernow,** Geh. Finanzrath. Dritte vermehrte Auflage. 1 M. 50 Pf.

14. **Kommunalabgabengesetz.** Vom 14. Juli 1893 und Gesetz wegen Aufhebung direkter Staatssteuern. Von Dr. **F. Adickes,** Oberbürgermeister. Dritte Auflage. 1 M. 50 Pf.

15. Die **Kreisordnungen** für den Preußischen Staat. Von **O. Kolisch,** Landgerichtsrath. 1894. 4. M.

16. **Concessionirung gewerblicher Anlagen.** Preuß. Ausführungs-Anweisung zu §§. 16 u. ff. der Gewerbe-Ordnung. Von Dr. **W. v. Rüdiger,** Geh. Regierungs- u. Gewerberath. Zweite Auflage. 2 M.

17. Preußisches **Gerichtskostengesetz.** Mit Kostentabellen. Von Dr. **P. Simēon,** Landrichter. Vierte Auflage. 2 M. 25 Pf.

18. Preußisches **Stempelsteuergesetz** vom 31. Juli 1895. Mit den gesammten Ausführungsbestimmungen und vollständigen Tabellen. Von **P. Loeck,** Regierungsrath. Fünfte Auflage. 5 M.

Dieser Band ist in größerem Format erschienen.

19. Das **Jagdscheingesetz.** Mit ausführlichen Erläuterungen nebst der Ausführungsverfügung. Von **F. Kunze,** Wirklichem Geh. Ober-Regierungsrath. Zweite Auflage. 2 M.

20. Die **preußischen Erbschaftssteuergesetze.** Unter Berücksichtigung der Novelle vom 31 Juli 1895. Von **U. Hoffmann,** Geh. Registrator im Königl. preuß. Finanzministerium. ca. 3 M.

21. Gesetz über die **Handelskammern.** Vom 19. August 1897. Mit Erläuterungen von **F. Lusensky,** Geh. Regierungsrath. 3 M.

22. Gesetz, betr. **Anstellung und Versorgung der Kommunalbeamten.** Mit Ausführungsanweisung. Von Dr. **W. Ledermann,** Magistratsassessor zu Berlin. 1 M. 25 Pf.

23. **Ausführungsgesetz zum Bürgerlichen Gesetzbuche.** Von Landrichter Dr. **P. Siméon.** 1 M. 60 Pf.

24. Die **Hinterlegungsordnung** in der Fassung des Ausführungsgesetzes z. B.G.B. v. 20. Sept. 1899 nebst Ausführungsbestimmungen. Von Regierungsassessor Dr. **Georg Bartels.** 1 M. 50 Pf.

25. **Preußische Kommunalbeamtengesetzgebung.** Von Magistratsassessor Dr. **Fr. Kremski,** Berlin. 3 M.

26. Die Preußischen Gesetze über das **Diensteinkommen der Lehrer und Lehrerinnen, ihren Ruhegehalt und die Fürsorge für ihre Hinterbliebenen,** sowie einer Tabelle zur Berechnung der Ruhegehalts-, Wittwen- und Waisenbezüge. Von Dr. **Ed. Cremer,** Beigeordneter. 2 M. 40 Pf.

27. Gesetz, betreffend die **Waarenhaussteuer.** Von Geh. Ober-Finanzrath Dr. **G. Strutz.** 1 M. 20 Pf.

28. Gesetz über die **Fürsorgeerziehung Minderjähriger.** Nebst Ausführungsanweisungen. Von Landgerichtsrath Dr. **P. F. Aschrott.** 2 M. 80 Pf.

29. Gesetz, betr. **die ärztlichen Ehrengerichte, das Umlagerecht und die Kassen der Aerztekammern.** Von Amtsgerichtsrath Dr. **Fidler.** 1 M. 50 Pf.

30. Die das **Preußische Staatsschuldbuch** und **Reichsschuldbuch** betr. Gesetze nebst Ausführungsbestimmungen. Von Wirkl. Geh. Ober-Finanzrath **J. Mücke,** Mitglied der Staatsschuldenverwaltung. 2 M.

31 a. **Die geltenden Preußischen Gesindeordnungen.** Herausgegeben in zwei Bänden von **Stephan Gerhard,** Rechtsanwalt in Berlin.

Band I: Gesindeordnung für die altpreußischen Provinzen vom 8. XI. 1810, mit Erläuterungen unter Berücksichtigung der Ergänzungsgesetze und der Rechtsverhältnisse der Gesindevermiether, sowie die Gesindeordnung für Neuvorpommern und Rügen und für die Rheinprovinz. 2 M. 50 Pf.

31b. **Band II:** Gesindeordnungen für Hannover, Schleswig-Holstein, Hessen-Nassau und den Regierungsbezirk Hohenzollern. 2 M. 50 Pf.

32. **Die Städteordnung für die sechs östlichen Provinzen** Preußens vom 30. Mai 1853 nebst ihren gesetzlichen

Ergänzungen. Von **Dr. jur. Walter Ledermann,** Magistrats-Assessor zu Berlin. 6 M.

Dieser Band ist in größerem Format erschienen!

33. **Rentenguts- und Anerbenrechts-Gesetzgebung in Preußen.** Von Landgerichtsrath **M. Peltasohn** und Rechtsanwalt **Bruno Peltasohn.** 3 M.

34. Sammlung der wichtigsten **Preußischen Strafgesetze** nebst Anhang: Gesetz betr. polizeiliche Strafverfügungen vom 23. April 1883. Von **Otto Lindemann,** Amtsrichter. 2 M. 50 Pf.

    Inhalt: Mobiliar-Feuerversicherung — Chausseegeld — Jagdpolizei — Jagdschein — Wild-Schonzeit — Fischerei — Versammlungs- u. Vereinigungsrecht — Belagerungszustand — Gesindedienstpflichten — Mineraliengewinnung und -Aneignung — Schlachthäuser — Dampfkesselbetrieb — Wandergewerbebetrieb — Reblausverbreitung — Forstdiebstahl — Wald- u. Wassergenossenschaften — Feld- u. Forstpolizei — Lotteriespiel — Verkehrsabgaben — Landestrauer.

35. **Geschäftsordnung für Gerichtsvollzieher.** Gerichtsvollzieherordnung und Gebührensätze von Amtsgerichtssekretär a. D. **Emil Exner.** 3 M. 50 Pf.

36. Die Gesetzgebung über **Polizeiverordnungen in Preußen** von **Otto Lindemann,** Amtsrichter in Köslin. 1 M. 50 Pf.

37. Gesetz über die **Enteignung von Grundeigentum** vom 11. Juni 1874 von **O. Meyer** in Vorbereitung.

Guttentag'sche Sammlung von Text-Ausgaben mit Sachregister ohne Anmerkungen.

Militärstrafgerichtsordnung für das Deutsche Reich, nebst **Einführungsgesetz** und Gesetz, betr. die Dienstvergehen der richterlichen Militärjustizbeamten und die unfreiwillige Versetzung derselben in eine andere Stelle oder in den Ruhestand. **Militär-Strafgesetzbuch** mit Abdruck der entsprechenden Bestimmungen des Reichs-Strafgesetzbuchs. Zweite Auflage. 1 M. 50 Pf.

Reichsstempelgesetz (Börsensteuergesetz). Mit Tabellen zur Berechnung der Reichsstempelabgaben. 1 M. 50 Pf.

Bürgerliches Gesetzbuch nebst Einführungsgesetz unter Einfügung der preußischen Ausführungsbestimmungen bearbeitet von Dr. **Paul Winter,** Landrichter. Zweite Ausgabe. 8°. Geb. Preis 3 M.

Handbuch des Testamentsrechts

mit zahlreichen Beispielen und Formularen.

Dargestellt von **Heinrich Peiser,** Landgerichtsrat in Danzig. gr. 8°. Preis 8 M., geb. in ganz Leinen 9 M.

Das Bürgerliche Recht Deutschlands mit Einschluß des Handelsrechts historisch und dogmatisch dargestellt von **A. Engelmann,** Oberlandesgerichtsrat. Zweite durchgearbeitete Auflage. gr. 8°. Preis 14 M., geb. in Leinen 15 M.

Wie leitet man eine Versammlung? Geschäftlicher Handweiser für Vorsitzende. Von einem Mitgliede des Deutschen Reichstags und des Preußischen Abgeordnetenhauses. kl. 8°. Preis in elegantem Einbande 1 M.

Ein nützliches und notwendiges Büchlein.

Holtgreven, Dr. A., Präsident des Oberlandesgerichts in Hamm und Dr. **Th. Wolff,** Oberlandesgerichtsrath. Das Wildschadengesetz vom 11. Juli 1891. Kommentar. Vierte Auflage. 8°. Geb. 4 M. 50 Pf.

Arndt, Dr. Adolf, Professor. Verfassung des Deutschen Reichs. Mit Einleitung und Kommentar. Zweite Auflage. 8°. Geb. 4 M. 50 Pf.

Behrens, Paul, Handbuch für Vereine bei Aufstellung, Berathung und Aenderung der Vereins-Satzungen. 8°. Preis geb. 1 M.

Born, A., Polizei-Assessor in Königsberg i. Pr. Das preußische Baupolizeirecht nebst den einschlägigen Bestimmungen des Ansiedelungs-, Feld- und Forstpolizei-, Waldschutz- und Deichgesetzes, sowie dem Fluchtlinien-, Rayongesetz und dem Gesetz über die Zulässigkeit des Rechtsweges gegen polizeiliche Verfügungen. Kommentar. gr. 8°. Preis 10 M., geb. 11 M.

Delius, Dr. jur. H., Landgerichtsrath. Die Haftpflicht der Beamten. 8°. Preis geb. 2 M

Delius, Dr. jur. H., Landgerichtsrath. Die Rechtsverhältnisse der geschlossenen Gesellschaften und Vereine nach Preußischem Recht unter besonderer Berücksichtigung der Befugnisse der Polizeibehörden. 8°. Preis in Leinenband 1 M. 60 Pf.

Das Gesetz betreffend die Anlegung und Veränderung von Straßen und Plätzen in Städten und ländlichen Ortschaften vom 2. Juli 1875. Des Kommentars von weil. Oberverwaltungsgerichtsrath **R. Friedrichs** fünfte völlig neubearbeitete Auflage bearbeitet von Dr. jur. **Hugo v. Strauß und Torney,** Senatspräsident am Oberverwaltungsgericht. 8°. Geb. Im Druck.

Ottermann, Carl, Stadtrath in Dortmund. Das Fluchtliniengesetz vom 2. Juli 1875. Erläuternde Abhandlung. 8°. 1 M. 25 Pf.

Könige, H., Oberlandesgerichtsrath. Handelsgesetzbuch vom 10. Mai 1897 nebst Abdruck des Gesetzes über die Angelegenheiten der freiwilligen Gerichtsbarkeit und Gerichtsverfassungsgesetz (Titel 7, Kammern für Handelssachen). 8°. Geb. in ganz Leinen 4 M. 50 Pf.

Telegraphenwege-Gesetz vom 18. Dezember 1899 nebst den vom Reichskanzler erlassenen Ausführungsbestimmungen vom 26. Januar 1900 und den Erläuterungen und Ausführungsanweisungen des Reichs-Postamts. Amtliche Ausgabe. 8°. Geb. in ganz Leinen 1 M.

Wilhelmi, Dr. L., Das Handwerkergesetz vom 26. Juli 1897. Mit Einleitung und Bemerkungen unter besonderer Berücksichtigung der Ausführungs-Anweisungen der größeren Bundesstaaten. Geb. in ganz Leinen 6 M.

Schlagwort-Register.

R. = Nummer der Sammlung Deutscher **Reichs**gesetze.
P. = Nummer der Sammlung **Preußischer** Gesetze.
S. = Seite.

Kolibri 360 GmbH
Ferdinand-Jühlke-Straße 7
99095 Erfurt, Deutschland
produktsicherheit@kolibri360.de